Wolfgang Johannes Bekh · Reserl mit'n Beserl

WOLFGANG JOHANNES BEKH

Reserl mit'n Beserl

Bayerische Volksreime

Mit Zeichnungen von
Hermut K. Geipel

Turmschreiber Verlag

*Dem Kiblbergervater
Martin Eibl zum Gedenken*

ISBN 3-930156-07-5

© Turmschreiber Verlag GmbH Pfaffenhofen
Alle Rechte vorbehalten

Umschlaggestaltung: Elisabeth Petersen, 85623 Glonn
Unter Verwendung des Gemäldes von Wilhelm von Kobell
„Auf der Geißalm 1828", Lenbachhaus München
Satz und Druck: Ilmgaudruckerei und Verlags GmbH, Pfaffenhofen
Bindung: R. Oldenbourg, München

Printed in Germany 1994

Inhaltsverzeichnis

Ein Wort voraus	6
Vorwort zum Anhang	11
Namenreime	14
Neckreime	23
Kniereiterverse und Wiegenreime	27
Einige Spiele	34
Das Ringelreihenspiel	36
Kinderpredigten, Kettenreime	38
Abzählreime	56
Beim Beerenbrocken	63
Zungenbrecher	64
Auf dem Tanzboden	66
Eine Handvoll Trutzversl	69
Am Kammerfenster	71
Wenn der „Progader" kommt	74
Vom Ehestand	76
Essen und Trinken halten Leib und Seel zusammen	80
Der Lehrer, der Pfarrer und der Doktor	83
Handwerk hat einen goldenen Boden	86
Der Moaster und der Lehrling	92
Das Jahr hindurch	94
Wetterregeln	118
Heiligenverserl und Gebete	122
Orts- und Hofnamen	126
Tierreime	130
Lieder und Albumverse	133
Moritat vom singaden Hansl	140
Das Innviertel im altbayerischen Volksreim	145
Die Rottaler Hochzeit	149
Der Bauer schickt den Jockl aus	152
Einiges vom Teufel	156
Ein paar ganz Saftige	157
Alles Irdische ist vergänglich	158
Rare Gstanzl	159
Anhang, Reime von der Oberpfalz bis Südtirol	179

Ein Wort voraus

Eine Zeit, in der das Jungsein über den Schellenkönig gelobt wird, in der alles Mögliche und Unmögliche jung ist, eine Zeit, die angeblich selber jung ist, läßt große Sehnsucht nach Altem aufkommen. In der Tat: Nie zuvor ist eine solche Sammelwut ausgebrochen wie in den sechziger und siebziger Jahren dieses vom Fortschritt überzeugten Jahrhunderts. Gesammelt wird heutzutage schlechthin alles – wenn es nur alt ist. Die Nachfrage nach Altertümern wächst ins Ungeheure. Das Angebot wird rar. Die Preise steigen.

Da interessiert es vielleicht, von sammelbaren Altertümern zu hören, sehr alten sogar (manche an die hundert oder zweihundert Jahre alt), die keinen Pfennig kosten. Welcher Bevorzugte kommt so günstig an Altertümer? wird die nächstliegende Frage lauten. Und hier die Antwort: Derjenige, der wie der Verfasser das Sammeln von Volksreimen zu seiner Sache macht!

Da muß man freilich herumwandern, darf sich keine Ruhe gönnen. Denn, ist auch das Gut der Volksreime kostenlos, so ist es dennoch im Schwinden begriffen wie alle anderen alten Sachen auch. Da heißt es keine Zeit verlieren. Kommt man erschöpft nach Hause von der Arbeit, die bezahlt wird, heißt es aufbrechen zu jener anderen Arbeit, die nicht bezahlt wird. Die Abende gehören dieser Sammlerei, die Samstage, die Sonntage, die Urlaubszeit.

Ein bekanntes und richtiges Wort meint ,,Willst Altes du erfragen, laß dir's von Alten sagen!" Man muß also hinter alten Leuten her sein wie der Teufel hinter der armen Seel.

Und oft sind selbst alte Leute noch nicht alt genug. Oft verliert man den Wettlauf mit der Zeit. Als stehende Redewendung bekommt man zu hören: „Da hättst du den alten Anderl fragen müssen! Der hat noch was gwißt! Aber der ist voriges Fruhjahr gstorben!" Und ein andermal hört man: „O mei, da hättst du meine Eltern fragen müssen, die wir vor zwei Jahren auf den Gottsacker hinausgetragen haben, oder noch besser meinen Großvater oder meine Großmutter selig! Die haben was gwißt! Wir wissen da nix mehr."

Wenn der Sammler so einen Bescheid erhält, wäre es dumm von ihm, aufzugeben. Das ist ein Geheimnis aus der Praxis, das ich gern verrate. Er muß geduldig weiterfragen oder, noch besser, ein andermal wiederkommen. Wichtig ist, daß der Befragte in schöner Regelmäßigkeit an den lästigen Frager erinnert wird. Beim zweiten Besuch bittet man ihn, sobald ihm ein Verserl einfällt, gleich die erste Zeile oder nur die ersten drei Wörter zu notieren. Mehr verlangt man gar nicht. Wichtig ist nur, daß der Gewährsmann den Anfang gleich aufschreibt, bevor er das Ganze wieder vergißt.

Und kommt man dann ein drittes oder viertes Mal: Welch schöner Lohn! Wirklich, da holt der Austragler ein Zetterl aus der Schublade vom Kuchlbüffet, glättet die Knitterer, entschuldigt sich für die Fettflecken und gibt dem Sammler die Anfangszeilen, die mit ungelenker Kurrentschrift auf den karierten Grund geschrieben sind, zu lesen. In der Regel sind das schriftdeutsche Texte aus dem Liederschatz des Gesangvereins oder im günstigsten Fall altbekannte Volkslieder, die der Kiem Pauli schon in den zwanziger Jahren veröffentlicht hat.

Jetzt aufzugeben, wäre der größte Fehler, den der Sammler machen könnte. Denn wo einmal das Interesse geweckt ist, kann man den Befragten auch bei seiner Ehre packen. Und nicht selten hat der Sammler gerade dort, wo er nichts als Dürrnis vermutete, zuletzt endlich doch noch eine Quelle sprudeln sehen.

Nie werde ich die Rührung vergessen, die mich überkam, als mir die alte Mesnermutter aus der Schatztruhe der Erinnerung den Kniereitervers hervorholte: „Hoppa hoppa Reita, reit ma bis auf Wimpasing, haan de scheena Dirndl drin"!

Volksreime bekommt man zwar umsonst. Mit Geld, das den Antiquitätensammlern oft so locker in den Taschen sitzt, kann man da nichts ausrichten. Aber diese Handelschaft ist ein mühseliges Geschäft. Erst nach jahrelangem Sammeln tun sich die wahren Ausmaße des verborgenen, aber im Hervortreten immer riesiger werdenden Schatzes an Volksreimen, Scherzreimen, Abzählreimen, Kinderpredigten, Neckreimen, Tier- und Wettergedichten auf.

Als Vergleichsgegenstand – man merkt es erst jetzt – zieht der altbayerische Volksmund alles heran, was dem Anschauungskreis des Landbewohners naheliegt. Das ist nicht nur die heimische Tierwelt, sondern auch die im Dorf ansässige Handwerkerschaft, voran der Schneider, der allen erdenklichen Spott über sich ergehen lassen muß. Viel ist in bildlichen Wendungen vom Wetter die Rede, dem der Bauer auf Gedeih und Verderb ausgeliefert ist. Auch spricht er mit Vorliebe von dem, was er gern ißt und trinkt, von Hochzeit und Kirchweih – kurz: Was das Herz eines Altbayern bewegt, zieht in buntem Wechsel, anschaulich und lebendig, an unserem geistigen Auge vorbei.

Volksreime sind also nicht nur Kinderreime. Volksreime sind Volksdichtungen.
Die Betonung liegt auf dem Begriff „Volk", im Gegensatz zu „Kunst". Damit soll kein abfälliges Urteil gesprochen werden. Ein Kunstwerk ohne vorhergegangene Volkskunst wäre ein Koloß auf tönernen Füßen. Volkskunst ist der Anfang aller Kunst, Volksreime sind der Ursprung aller Reime. Die Bedeutung des Reims kann – gerade bei Volksäußerungen – nicht hoch genug eingeschätzt werden. Zwar ist der Reim aus den Richtlinien unserer „fortschrittlichen" Pädagogik so gut wie ganz verdrängt worden, aber wir müssen uns keineswegs mit dieser Verarmung der Übermittlung von Welt und Weltgestalt abfinden! Sie ist so völlig unkindgemäß, daß sie nicht von Dauer sein kann. Der Reim gehört zu den Urformen menschlicher Mitteilung, handelt es sich um den Stabreim – bei dem immer dieselben Anfangsbuchstaben wiederkehren – oder um den Endreim in seinen Abwandlungen. Das gilt von der Kunstpoesie und nicht minder von der Volkspoesie. Man stelle sich ein Kasperlstück ohne Reim vor! Undenkbar! Der Reim unterstreicht nicht nur den Witz, er ist der Witz selbst! Wenn der Kasperl dem Wirt Rätsel aufgibt und der Wirt selbstsicher poltert: „Deine Rätsel werd ich gleich haben!" – wenn dann der Kasperl mißversteht und fragt: „Waas? Meine Brezel wird dich gleich laben?", dann lachen die Kinder. Der Reim ist nicht nur Pointe, der Reim ist nicht nur Hilfsmittel zum leichteren Erlernen eines Textes, er ist der eigentliche Träger des Sinns.
Beim Sammeln alter Volksreime stößt man, wie eingangs geschildert, auf manchmal schier unüberwindliche Schwierigkeiten. Wahre Juwelen werden für immer ver-

graben bleiben. Neuschöpfungen sind dem Sammler nicht bekannt geworden. Von jungen Leuten war nichts zu erfahren. Die Ursachen für diesen Schwund sind bekannt: Zeitmangel der ohne Dienstboten arbeitenden älteren Generation, Mobilität der motorisierten jüngeren Generation, Abkommen ländlicher Arbeitsgeräte, Ende der Großfamilie, Inanspruchnahme von Massenmedien als Ersatz für das Gespräch in der Stube.

Als die vorliegende Arbeit nach neunjähriger Sammeltätigkeit zu einem gewissen Abschluß gekommen war, hatte ich den Eindruck einer wahren Unerschöpflichkeit der alten Volkspoesie. Was da in Jahrhunderten an Märchen, Sagen, Liedern und Sprichwörtern erfunden worden war, nötigte mir Bewunderung ab.

Von all dem ist in meiner Sammlung nicht die Rede. Hier fanden allein die bisher noch nicht geschlossen zusammengefaßten Volksreime Aufnahme, und zwar altbayerische Volksreime aus Oberbayern, Niederbayern, der Oberpfalz und den einzubeziehenden Gebieten in Mittelfranken, im Böhmerwald und in Oberösterreich. Bei der Sammeltätigkeit stellte es sich als Schwierigkeit heraus, daß zu manchen Volksreimen Weisen im Umlauf sind, so daß sie die Bezeichnung als Liedtexte bis zu einem gewissen Grad rechtfertigen. Die Grenzen zum Volkslied sind fließend. Das gilt vornehmlich für die Auswahl besonders origineller Gstanzl, die der Sammlung beigefügt ist. Schwieriger als das Sammeln selbst war deshalb zuweilen die Einordnung des gesammelten Materials. Die formale Seite galt es dabei ebenso zu berücksichtigen wie die Bestimmung, den Stoff und den Adressaten. Überschneidungen und Wiederholungen waren nicht immer zu vermeiden.

Dieses Buch soll zwar, was die Gliederung der Abschnitte, die Schreibung der Mundart, die Erläuterung der Bestimmung und den Nachweis der Herkunft betrifft, eine gewisse Gründlichkeit nicht vermissen lassen. Sein Sinn wäre aber verfehlt, wenn es sich hier nur um eine wissenschaftliche Studie handeln würde, die in den Regalen der Fachbibliotheken Staub ansetzt, nicht aber auch um ein unterhaltendes und anregendes Lesegut, das in der Hand des Volkes seinen Dienst tut, nämlich, das Vergessene ins Gedächnis zurückzurufen und das Mitgeteilte vor dem Vergessen zu bewahren.

Vorwort zum Anhang

Beim Erscheinen der neuen Auflage dieses Buches darf ich mich freudig an die im Vorwort zur ersten Auflage geäußerte Hoffnung erinnern, daß diese Sammlung in der Hand des Volkes ihren Dienst tun möge.
Bedeutsam erschien mir die Spiegelung des ganzen bairischen Stammesgebiets in diesen Volksreimen. Was in Arzberg und Waldsassen bekannt war, begegnete mir als Volksgut auch im Waldviertel und im Wiener Wald. Wie man am Dreisessel reimte, so reimte man – das war meine Erfahrung – in Partenkirchen, Bozen und Salurn. Verse, die ich im Binatal gelernt hatte, wußten drei Bauerndirndln, drei Gitschen, in Oberplanitzing bei Kaltern,

denen ich sie vortrug, auswendig; wenn ich aufhörte, sprachen sie die Texte ohne Stocken zu Ende. Die Anfangswörter der in Niederbayern notierten, aber gleichwohl in Südtirol bekannten Reime seien an dieser Stelle mitgeteilt: Nandl – Annamirl – Grüaß di drei Quartl – de Lena – Toni Lemoni – bitsche batsche Peter – in Tirol drin – Kikeriki, wo kraaht er denn hi – Waarst net aufigstiegn – Raufangkihrer – das ist der Daumen – der is as Wossa gfoin – Äpfi haan koane Birn – oans zwoa drei vier – bicke backe – Ene bene – Mutter, Mutter, was ist das – Gotts Nam, liabs Herrl – der Bauer schickt den Jockl aus – und viele andere.

Nicht nur die Tatsache, daß dieses Buch vom Volk, für das es bestimmt war, „angenommen wurde", hat mich mit Freude erfüllt, am beglückendsten war für mich die Erfahrung, daß der Widerhall aus der Bevölkerung mich mit einer großen Anzahl weiterer Reime bekannt machte, die in diesem Anhang erstmals veröffentlicht werden.

Daß ich, wie schon bei den vorhergegangenen Beispielen, nicht sämtliche, sondern nur wenige regionale Varianten bringen konnte und daß ich außer gelegentlich notwendigen Worterklärungen sonstige wissenschaftliche Erläuterungen, die historischer, geographischer, ethnischer, religiöser, didaktischer oder etymologischer Art hätten sein können, schuldig bleiben mußte, bitte ich die „zünftigen" Volkskundler mit Nachsicht aus dem notwendigerweise begrenzten Umfang und aus der Zweckbestimmung des Buches zu erklären. Es soll ja weniger studiert als gelesen, im Idealfall sogar *vor*gelesen, also gesprochen werden.

Danken möchte ich bereits an dieser Stelle, nicht erst bei dem an den Schluß gerückten Herkunftsnachweis, allen Landsleuten, die mir durch ihre mündlichen und schriftli-

chen Mitteilungen geholfen haben, jahrzehnte- und oft jahrhundertealtes Volksgut erstmals gesammelt vorzulegen. Danken möchte ich vordringlich der Landbevölkerung aus dem Erdinger Holzland, aus dem herzlich geliebten niederbayerischen Hügelland östlich der Hauptstadt Landshut, aus dem ehemaligen Landkreis Vilsbiburg vor allem, dem ich nachtrauere (wie ich auch den alten bayerischen Bezirksämtern nachtrauere, die Österreich behalten durfte, Bayern aber gegen die preußischen Landkreise vertauschen mußte), aus dem Vilstal, aus dem Binatal, vom Rettenbach (gesprochen Ränbo) um Holzhausen, Kieblberg und Kammerlehen, wo mein „Reserl", die ich mir zum Weib nahm, als Kind herumsprang, und wo – deshalb – mein Roman „Die Herzogspitalgasse" spielt.
Von jungen Leuten war bei meinen ersten Exkursionen wenig zu erfahren. Das hat sich geändert. Viel junge Menschen haben mir bei der Abfassung des Anhangs geholfen. Das war noch bis vor wenigen Jahren anders. Damals empfand ich einen jungen Burschen als die regelbestätigende Ausnahme (und doch markierte er so etwas wie eine Wende), der mir einen Volksreim aufsagte, einen ganz und gar neuzeitlichen zwar, aber immerhin einen Volksreim:

> An Lucki dadruck i,
> an Michi dastich i
> und an Kare dafahr i.

Weil ich mich darüber wunderte, daß er so einen lustigen Volksreim wußte, sagte er zu mir und schaute mich dabei treuherzig an: „Woaßt, dee Zeitn ändern si! Mir ham jatz an unheimlichen *Trend* zu da Hoamat!"

Namenreime

Der Kinderreim ist nicht nur aus der Welt des Kindes genommen, sondern auch für Kinder bestimmt. Eine der beliebtesten Gattungen des Kinderreims ist der Namenreim. Voller Einfallsreichtum kann die Ausrufung eines Namens sein! Daß der Name nicht nur gerufen, sondern auch scherzhaft umschrieben und in das Gewand eines Reims gekleidet werden kann, das zeigen die altbayerischen Namenreime. Einem richtigen Altbayern sagt man es schon als Kind, wer er ist, und man neckt ihn damit sein Leben lang.

Reserl mit'n Beserl,
kihrs Ofaloch aus!
Wannst as net sauba machst,
hau i di aus[1]!
(*In anderer Fassung:* jag i di aus!)

Nanndl mit'n Pfanndl,
tua 's Muasal kocha,
fürn Vattan, für d'Muatta,
für dee ganze Wocha!

D'Liesl vo Zwiesel
hot's Häusl vokafft,
hot an Gickerl dreigebn;
koa Mensch hot's eahm gschafft.

---
[1] *aus* will sagen *hinaus*, d. h. in der bairischen Umdrehung: *aushin*, verkürzt *aushi*, *aussi*. In der Tat haben *aussi* und *aus* dieselbe Bedeutung.

's Liesal hots Wiesal gmaht,
's Kidal hots auffidraht,
's Hei hamma einabracht
schee bei da Nacht.

Annamirl, Zuckerschnürl,
geh mit mir a d' Schleha.
I dua da nix, i dua da nix,
i beiß di grad a d' Zeha.

Annamirl hat a routs Hosntürl,
tragts am Mark(t) auf und a(b),
kaaft eahm's neamd a(b)!

Annamirl,
pack d'Katz ban Schnirl,
schmeiß s' hinteri a d' Bruck,
daß s' fira guck(t),
schmeiß s' ei' an Zau(n),
na schreit s' Miau . . .

Unser oits Annamirl
is sauber und fei'!
Malst as aufi aufs Saustalltürl,
geht koa Sau nimma ei'!

Jackerl, Spatzgackerl,
hats Häuserl vokafft,
hat alles vosuffa
und hintnnach grafft.

Jackerl, Spatzngackerl,
wo hast' denn dei Wei(b)?
Hintan Ofa, hintan Ofa,
bein Spinnradl hibei.

Jackl, Spatzgackl
treib d' Fackl zon Bärn,
gib eah brav Hawern,
na laafa s' recht gern

Jacke, Spatzgacke,
treib d'Facke zun Bärn,
treib s' hinum, treib s' herum,
na laafa s' recht gern.

Jacke, Spatzgacke,
schneid Hennabödl[2] a(b),
schneid hinum, schneid herum,
schneid no a paar a(b)!

Steßt mi da Schnackl,
denk i an Jackl,
der Jackl an mi –
da Schnackl is hi!

Hans, Hansl, hintern Stodl,
flickt sei Hosn ohne Nodl,
flickt sei Hosn ohne Zwirn,
Hansl, hast' denn gar koa Hirn?

---

[2] Hennabödl = Hühnerdreck

Hans, Hans,
hintern Hoiz,
bacht si Küachi,
braucht koa Schmoiz.

Hansgirgl, Schnapsgirgl,
wo hastn dei Wei?
Hinta da Stiagn
duats spinna, dees Luada, des fäu(l')
(in da Höh drobn bein Spinna. . .)

Hans-irgl
Bonliegl
Naglwitzbirn
Hansirgl hat as Bett gschissn –
ko 's Pfoadl net kriagn. . .

(Volksreim aus Enns – zum Vergleich)

Da Hansi kimmt, da Hansi kimmt,
da Hansi is scho da.
Da Hansi is in Dreck eigfoin
und putzt si wieder o.

Grüaß di, drei Quartl,
mei Muatta hoaßt Kathl,
mei Vata hoaßt *Sepp*
und du bist a Depp.

Sepp, Sepp, sag's an Seppn,
daß da Sepp an Seppn sagt,
daß da Sepp zo da Suppn kimmt!

Sepp bleib do,
woaßt ja net wia 's Weda werd.
Sepp bleib do,
woaßt ja ned wias werd:
Es ko' regna,
es ko' schneim,
kon abar aa
schee Weda bleim.
Sepp bleib da,
woaßt ja net, wia 's Weda werd.
Sepp bleib do,
woaßt ja net, wia's werd.

Sepp, du Depp,
host's Goid voschleckt,
Host's Hoiz vokafft,
host mit'n Bettlwei(b) grafft.

Sepperl, Sepperl, geh ra!
Schneid an Jackl d'Haar a(b),
laß eahm no an Schübi steh,
is da Jackerl no so schee!

Seppei reggeggei,
steig auffi aufs Steckei,
's Steckei bricht a(b),
da Sepp foit in Ba(ch).

De *Lena* is de Scheena,
de Schiacha is d'Lies.
De Liaba is ma d'Annamirl,
wei's schwarzaugat is.

Franzerl mitn Ranzerl,
du dalkata Bua,
di friart ja in d'Zehan,
ziag o deine Schuah!

Franzl, mitn Ranzl,
packs Kaiwi ban Schwanzl,
hängs oni an Zau',
laß' vo de Vögl da-hau'.
(Vergl.: ,,Schmeiß hintre a d'Bruck")

Antoni, Antoni,
laß' Kindl net foin,
as Kindl tuat brecha,
du ko'st as net zoin.

Toni, Lemoni,
Bamarantschn gugu,
a Haaferl Kaffä
is ma liaba wia du.
(Gretl Simböck: ,,A schwarz' Stückl Brout")

Da *Barthl* mitn Gartl[3]
hauts Lieserl ums Mäui,
fragt's Lieserl an Barthl:
Wer kitzlt mi allwei?

Micherl mi'n Sicherl,
schneid d'Hennastrah a(b),
schneid hi und schneid her,
und is eh scho lang a(b)!

---

[3] Gartl = Gerte

Schos[4], Schos
mit da langa Hos,
mit da kurzn Büchs!
Aba treffa duat er nix.

Alfonsä, Balfonsä,
gstumpfata Bua,
ziag de grea Hosn o,
tanz mit da Kuah!

Benedikt
hat's Loabi zwickt,
hat's abi gschlickt,
waar boid dastickt.

Bitsche batsche *Peter*,
hinta'n Ofa steht er,
putzt de Schuah und schmiert de Schuah.
Kimmt de schwarze Katz dazua,
frißt de Schmier mitsamt de Schuah.

Da Peter und da *Paul*,
de reit'n auf an Gaul.
Da Gaul laßt Poll'n,
da Peter (Pauli) muaß's hoin.

---

[4] Schos; der niederbayerische „Schos" entspricht dem oberbayerischen „Schorsch" oder „Girgl"

Simmandl[5], Saumandl
ruaßiga Bua,
stöi di zun Krautmanndl,
scham di grad gnua!

Alisi, Balisi,
gstumpfata Bua,
tuat singa, tuat springa
und gibt nia koa Ruah.

Emmeram,
treib d'Henna zamm,
treib s' auffi üba d' Stiagn,
laß s' wieda-r-aba fliagn.

Mari, bockstari,
stäht hinta da Tür,
sie traut si net vüra,
vor lauta zau'dürr.

An *Lucki*
– dadrucki –
an *Michi*
– dastichi –
Und an *Kari*
– dafahri!

---

[5] Simmandl: gemeint ist der Simon

Beliebt ist auch der Stabreim, zum Beispiel mit dem Buchstaben „h":

Hans, Hansl, hintern Hoiz, hintan hoatern Himmi hint haan hundert Häufa Hasenhörndl hint!

Und ein ganzer Schock Namen auf einmal wird aufgezählt, wenn es heißt:

Hans, Damerl, Leal, Hartl, Kurwe, Wastl, Steffe, Lippi, Lenz – zu da Suppn kemmts!

Neckreime

Linker, rechter,
Spitzbua, schlechter,
rechter, linker,
Spitzbua, flinker!

Hans Dampf Nudeldrucker,
um a Fünferl Bärenzucker.

Hacker hacki
Bettlzacki
Hacka bumbum
drah 's Bettlsacki um!

Wenn i's oiwei sag an Lackl:
„Kaaf da-r-a Hackl!",
nix laßt er-eahm sagn:
Knöpf muaßa ham!

Mehrmals hintereinander und immer lauter zu sprechen:

An Tirol drin
is a Mo drin,
hat a Kraxn
mit vier Haxn,
is a Hoh' drin,
wenn ma ei'schaut,
is a no drin,
wenn ma'n aussaduat,
is a nimma drin.

Is amoi a Wei(b) gwen,
s' Wei hot a Kirm gha(b)t,
d'Kirm hot a Lo(ch) gha(b)t,
s' Wei is davo'
und d'Kirm hot s'Lo(ch) no.

An scheena Gruaß
vom link'n Fuaß,
da recht is g'starbn
d'Leich is margn.

An scheena Gruaß
von Gickerl sein Fuaß,
vo da Henn seina Hax –
Hallasdax!

Juckt mi da Buckl,
beißt mi da Bauch,
kemmans ganz rauch herauf.
Bals amoi schrein: ,,Wiglwiglwa",
sans scho furt aa!
(Anspielung auf die Ungezieferplage)

Da sitz i, da bleib i,
da flick i mei Leibi.
Und wenn ebba kimmt,
na laaf i davo. . .

Der Bub zieht ein Dirndl abwechselnd an den Zöpfen und sagt dazu:

Bim bam
Hopfastang
Mesner läut'
d'Kircha zsamm!

Kickericki!
Wo kraaht er denn hi'?
An Kiblberger sei' Gred[1].
wo da gstinkert Hans obn steht!

Kuckuck!
Wo bist du?
Im Holz.
Was hast?
An Frosch!
Gib ma'n!
Du brauchst nix.

„Gucku!"
„Wo bist denn?"
„Am Baam abn!"
„Was tuast da?"
„Hosnflicka!"
„Für wen denn?"
„Für den, der fragt."
. . .
„Gehst net glei abha!"

[1] Gred = Antritt vor der Haustür

Dieser Neckreim wird nach eintöniger Weise gesungen:

Waast net aufhigstiegn,
waast net abhagfalln,
hättst mei' Schwesterl gheirat,
waast mei' Schwager worn,
hättst a Häuserl ghot und a Kuah
und a Millisuppe in da Fruah!

Regna, regna Tropfa!
Buama muaß ma schopfa!
Dirndl derfa Himmifahrn,
Buama müaßnt Sautrogschabn!

Raufangkihra
Suppnschira
Boanabeißa
Hosnscheißa!

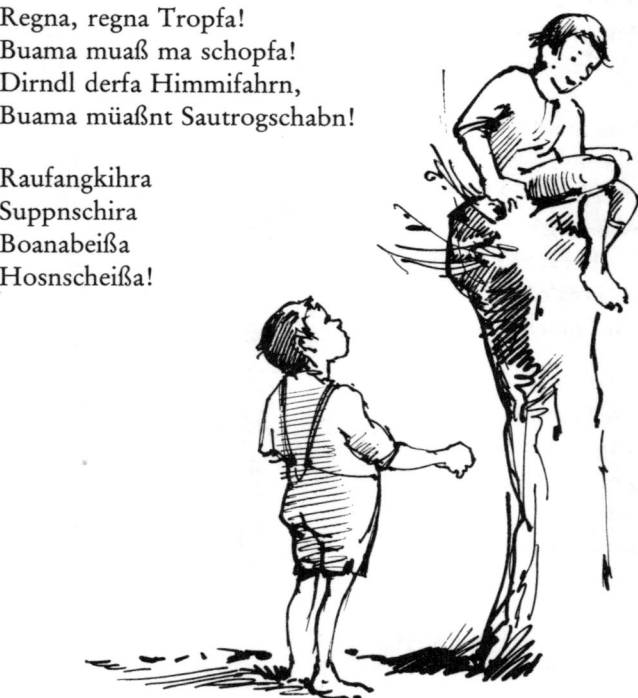

Kniereiterverse und Wiegenreime

Fast ist man versucht zu sagen: Glückliches Jahrhundert, in dem es noch Mütter und Großmütter gab, die Zeit hatten, die sich die Zeit nahmen, mit den Kleinen zu spielen, die immer da waren, hinter deren Schürze man sich verstecken konnte, wenn man Kummer hatte... Möge es sie wieder geben!

Hoppa hoppa Reiter, *(mit d gesprochen)*
rei(t) ma bis auf Wimpasing,
haan de scheena Dirndl drin.
Hoppa hoppa Reida,
rei(t) ma wieda weida,
rei ma bis auf Biattlba,
brock ma-r-uns an Apferl o,
schiab ma-r-uns a Sackerl ei,
rei ma bis auf Kemoding –
bleima üba Nocht.

(Die Dörfer Wimpasing, Bittlbach und Kemoding – alle auf der ersten Silbe betont – liegen in Erdinger Holzland.)

Hopsa, hopsa Reiter!
Fallt er hin, so leid't er.
Reit' der Reiter über'n Grab'n,
Fallt er nei, dann muß er's habn.
Plumps! Drin liegt er!

Hot mei Schimmi, hot mei Brau(ner),
Morgn müaß ma Haban bau(en)!
Haban bau und Woaz eiführn,
Daß ma braunö Küachl kriagn.

Hoppsassa –
Trallala –
Bürschtnbinda –
A Schneid muaß ma ham! –
süst dafriast' ma-r-an Winta!

Der Vitl-Veitl
Im Rottal hat man die Kinder zu diesen Strophen wie beim
Hopper-Reiter auf den Knien gehopst.

Unser Knecht, der Vitl-Veitl
Möcht a Reiter wern!
Hat er doch koan Reiterzaam,
Nimmt sei Muatter an Kittlbraam,[1]
Macht eahm draus an Reiterzaam.
Veitl reit, Veitl reit
In die Weit!

Unser Knecht, der Vitl-Veitl
Möcht a Reiter wern!
Hat er doch koa Reiterkappen.
Nimmt sei Muatter d' Ofaklappen,
Macht eahm draus a Reiterkappen.
Veitl reit, Veitl reit
In die Weit!

Unser Knecht, der Vitl-Veitl
Möcht a Reiter wern!
Hat er doch koa' Reiterstiefel.

---

[1] Kittlbraam = Besenborte an den alten, langen Röcken

Nimmt sei Muatter d' Dampflkübel
Macht eahm draus zwe' Reiterstiefel.
Veitl reit, Veitl reit
In die Weit!

Das Rosserlbschlagn
Die Kinder mußten sich hinknien. Während man sprach, hat man ihnen mit der flachen Hand auf die nackten Fußsohlen geklopft, als ob man beschlagen würde! Die Rottaler Fassung lautet so:

Rosserl bschlagn,
Rosserl bschlagn,
Wiaviel Nagerl muaß ma habn?
Oans, zwoa, drei –
Und an Bauschn Heu
Und a Schippel Haberstroh,
Nachad is dös Rosserl froh!

Und die Viechtacher Fassung:

Heiserl schlagn! Heiserl schlagn![2]
Wiaviel Nägl braucht ma?
Oans, zwoa, drei!
Und a Fuada Heu
Und a Fuada Mandlkern
Frißt mei Heiserl gar so gern
Und a Fuada Zucka
Frißt mei Heiserl trucka.

[2] Heiserl = junges Roß, Füllen

Und aus der Gegend um Fürstenfeldbruck:

Rösserl bschlagn,
auf Minka fahrn,
um a Fuada Heu, um a Fuada Kieslstoana,
geht mei Rösserl nimma hoama!

Heila heila Segn,
drei Tag Regn,
drei Tag Sunnaschei,
wird gen glei vöi bessa sei,
drei Tag Schnee,
duat scho nimma weh.

Dernerl, dees Vögal durt
hetschert[3] durch d'Lüftle furt,
här na sa' Gsaangl a',
kre-igst[4] scha an Ma'!

Bein Huaba geht da Raach auf,
bein Maier übas Do(ch),
bein Eder hams a Diandl kriagt,
a kohlschwarze Kro(ch) *(Krähe)*.

Reim, zu dem man die Knöpfe des Kindes aufwärts zählt und schließlich seine Nase und seinen Haarschopf erfaßt:

Knöpfi   Knöpfi   Knöpfi   Knopf   –   Schopf!

---

[3] hetschert = schaukelt
[4] kre-igst = kriagst, sogenannter gestürzter Diphtong im Nordbairischen

Die fünf Finger

Das ist der Daumen –
der schüttelt die Pflaumen –
der klaubt sie auf –
der tragt sie nachhaus –
und der kloane Wuziwuzi
ißt sie alle miteinander auf!

(Abzuzählen am Daumen, Zeigefinger, Mittelfinger, Ringfinger und kleinen Finger.)

Ein anderer Fingerreim:

Der is as Wossa gfoin,
der hat'n aussa zogn,
der hat'n hoamtrogn,
der hat'n as Bett glegt –
und da Wuziwuzi hat'n wieder aufgweckt.

Stieglitz, Stieglitz,
's Zeiserl is krank.
Gehma zon Bada,
laßt ma eahm an Ada,
reißt ma eahm a Federl aus,
macht ma eahm a Betterl draus.
Stieglitz, Stieglitz!
's Zeiserl is krank.

Beschwörung

Hokus pokus
Marokus
Griwes grawes
Katzenschwanz
Zahnweh macht
den letzten Tanz.

Wenn weder Milchflasche, noch Dietzl, Dutzl oder Bippi helfen wollen, setzt sich die Mutter an die Wiege, um den kleinen Schreihals „einzuheiern":

Schlaf mei Kinderl, schlaf,
der Vata hüat die Schaf,
die Muatter sitzt im Lauberl fein
und wiagt ihr liabes Trutscherl ein,
schlaf mei Kinderl, schlaf.

Schlaf, Kindlein schlaf,
Der Vater ist ein Graf,
Die Mutter ist a Bauerntochter
Und ko koa gscheidö Suppn kocha!

Schlaf, mei Kindl schlaf,
dei Vater is koa Graf,
dei Muatta is a Bauerndirn,
muaß ihr Dirndl selber wiagn,
schlaf mei Kindl, schlaf.

Hutschala, heiala!
du kloana Fratz,
hast a Paar Augerl
wia r an Nachba(r)n sei Katz!

Hutschi, hutschi hei!
's Dirndl is fei (faul)!
's Kaibal kriagt a Bäuscherl Heu
und 's Dirndl a Suzal a's Mäu!

Aus dem 30jährigen Krieg:

Bet, Büawi, bet,
margn kimmt da Schwed,
margn kimmt da Oxnstern,
wurd as Büawi betn lehrn.

Berterl tua schlofa,
Tua schlofa fei süaß,
Sunst kimmt dös grauoß Hunderl,
Dös beißt di in d' Füaß.

Tschia tschia tschia
Muschkatblüah
reit a schee's Dirndl vür,
ghört net mei', ghört net dei',
ghört auf Salzburi ei'!

Die „Muschkatblüah" ist ein mittelalterlicher Liebeszauber. Das große Alter dieses Kniereiterverses wird auch aus der Sprechweise „Salzburi" deutlich.

Einige Spiele

Einleitungsreim zu dem Volksspiel "Das Bärentreiben"

Gähts zo da Suppn,
gähts zon Kraut,
daß si an iads um a Lo(ch) umschaut.

Wechselreime zu dem Kinderspiel "Da Lampidiab"

Ein Kind kniet in der Mitte und hält sich die Augen zu.
Die andern gehen um den Knienden im Kreis herum:

Der Kniende fragt:
   Wer geht herum?
   Wer geht herum?
Die andern antworten:
   Da Lampidiab!
   Da Lampidiab!
Frage:
   Stuihlt ma fei koa
   Lampi net!
Antwort:
   Naa, naa, naa,
   des tua-n-i net!
Frage:
   Wo gähst denn hi?

Antwort:
   Auf Obernberg.
Frage:
   Was kaaffst da denn?
Antwort:
   A Kranzlkraut!
Frage:
   Was no dazua?
Antwort:
   A schöne Braut!
Der Kniende fängt
nun die schöne Braut.

Einleitungsvers zu dem Gesellschaftsspiel
„Gsellnvertauschn"

Grüaß God, Moaster und Gsoin!
   Seids lauter Diab und Schoim[1]?
Mia haan koane Diab und Schoim!
Mia haand ehrliche Handwerksleit!
   Was habts denn für a Handwerk?
Schuaster!
   Was braucht denn a Schuaster?
(Die Antwort wird ins Ohr geflüstert.)

Das Kinderspiel „Die Krähen"

Die Krähe wird nasal „Krah" genannt. Das a ist zum o gefärbt. Das Wort „davo", ebenfalls nasal und mit dumpfem a gesprochen, reimt sich.

Ein Kind setzt einige Finger seiner Hand einem andern Kind auf den Kopf und fragt:
„Wiavui sitzen Krah?"
   Die Antwort ist, angenommen, „drei!" Stimmt diese Zahl nicht, so sagt das erste Kind, während es nochmal die Finger auf den Kopf des andern senkt und dann mit dessen Haaren in die Höhe zieht:
„A so sitzn s' auf und a so floigns davo'!"

---

[1] Schoim = Schelme

Das Ringlreihenspiel

Es gibt viele schriftsprachliche Volksreime, die aus einer ursprünglichen Fassung in bairischer Mundart hervorgegangen sind. Die ursprünglichen, urwüchsigen, eingängigen und pädagogisch wertvolleren Fassungen sind die mundartlichen. Die schriftdeutschen Fassungen sind als eine Überbrückung zwischen den deutschen Stämmen gedacht gewesen. Sie sind ohne das Buch und ohne den Dichter nicht zu denken. Die deutsche Romantik hat hier Hervorragendes geleistet. Man denke an die Sammlung „Aus des Knaben Wunderhorn". Das ist schriftsprachliche Volkspoesie. Zur Mitteilung in der heimischen Familie, in der die Mundart noch Umgangssprache – eben „Mundsprache" – ist, sind diese Reime ungeeignet. Von dem bekannten „Ringelreihen" verwenden wir deshalb nicht die zwar bekannte, aber geschraubte und im Volk unbekannte schriftsprachliche Fassung, sondern die mundartliche, die altbayerische:

Ringl, Ringl, Reiha,
d'Bratwürscht haan so teier,
d'Küache haan vöi bessa,
braucht ma gar koa Messa.
Sitzt ma-r-untan Hojabusch,
macht ma-r-alle husch husch husch!

Ringa-Ringa-Rosa,
Kinda gehn in's Klosta.
Wenn ma mei Muatta koa Küachl nöt bacht,
Na nimm i mei Schewal und sag guatö Nacht.
Guatö Nacht Mama! Guatö Nacht Papa!
Schewerle, Schewerle hopsasa!

Ringa-Ringa-Rosa
'n Zucka muaß ma stoßa!
Tella, Tella, Fleisch und Wei(n),
Alle müass' ma lusti sei!

Kinderpredigten, Kettenreime und allerhand lustige Verse

I bin a kloana Pumpanickl,
i bin a kloana Bär,
und wia mi Gott erschaffn hat,
so wackl i daher.

Iatz woaß i, was i dua:
Iatz zreiß i meine Schuah!
Und wann da Burgamoasta kimmt,
aft flick i's wieda zua!

Wenn i glei net grouß bi',
bin i do schee neissi[1],
wenn i scho net vöi toa,
tuar i dees recht fleißi.

Renga, renga Tropfa,
schö blüaht da Hopfa,
schö blüaht 's Himmikraut,
liabe Frau mach's Türl auf,
laß an Reng ei'
laß außa'n Sunnaschei'!

Renga, renga Tropfa,
Buama muaß ma schopfa,
Dirndl derfant Himmifahn,
Buama müassnt Sautrogschabn.

[1] neissi = geschäftig

Es regnet, es regnet,
es regnet seinen Lauf,
und wenns genug geregnet hat,
dann hörts auch wieder auf.

Renga tuats ja na grad reng reng,
Laufa müaßts na grad lauf lauf,
schwitz'n turi na grad rinn rinn
. . .

Storch Storch Steiner
mit de langa Beiner,
Störcherl, Störcherl Schnibl Schnabl,
mit da langa Ofngabl,
warum hastn über Nacht
uns koa Brüadal net gebracht?

Bist denn du der Hopfavogl, Hopfavogl?
Bist denn du der SteigaufdLeut, SteingaufdLeut?
Steig auf mi, hast aa net weit.

Kinder setzen sich ein Frauenkäferl auf die Hand und sprechen in unendlicher Wiederholung, bis das Käferl die Flügel spannt und davon fliegt:

Frauakäferl, Frauakäferl fliag än heiling Brunn,
Schick uns heunt und mang und übamang
a recht a warme Sunn!

In der Maikäferzeit schrien einst die Kinder:

Maikäfa! Maikäfa fliag!
Mei (dei) Vadda is ön Kriag;
Mei (dei) Muatta is ön Sachsn,
Wo d' Maikäfa wachsn.

Findet man ein Grillenlöchlein, so sticht man mit einem Schmeller (das ist ein starker Grashalm) hinein und ruft dabei:

Greïal[2], Greïal, ziap, ziap, ziap!
Greïerl, Greïerl, kimm heraus
oder i stich dir deine Augerl aus!

Ein anderer Spruch beim Grillenfangen:

Grilla, Grilla, heraus,
oder i stich dar an Äugal aus.
Grilla, Grilla, rundum,
oder i bring di ganz um.

z' liadali, z'kloa, z'nouti:

Mei Vata hot gsagt,
i soi hausn und sparn,
na kaaft a ma an Schleiferzeug
und an Schu(b)karrn.
Zun Schu(b)karrnfahrn z'liaderli,
zun Kraxntragn z'kloa,
zun Heiratn z'nouti –
was soll i da doa?

---

[2] Greïal (gestürzter Diphtong) = Grillerl

Steigt der Saft im Frühjahr in die Weiden, werden Weidenpfeiferl geschnitten; das geht nicht ohne Spruch ab:

Maiapfeiferl, Maiapfeiferl geh aba!
I gib dir an Schaba
Und a Glasl Wei,
Wannst mei Maiapfeiferl wöist sei!

Pfeiferl geh, geh
Um a Nuß und um a Schleh
Und um a birkanö Rind af Passa(u);
Dawei gehn d' Küah, gehn d' Küah ei,
Dawei muaßt scho wieda da sei.
Dö Riklat is scho da!
Dö Zeilat und dö Blaßat gehnt no a(b)!

Pfeiferl, Pfeiferl pfiff a!
Zoig da Katz d' Haut a(b)
Bis am Buckl, bis am Schwanz,
Bleibt mei Pfeiferl dennat ganz.

Eine Warnung, nicht ins bestellte Feld zu laufen, lautet:

Buam, Buam, Buam,
gehts ma net a d'Ruam!
D'Ruam haan süaß,
beißnt enk a d'Füaß!

Die Kinder parodieren gern Gebet, Predigt und Evangelium, so auch den Blasiussegen, der vom Priester am Blasiustag gebetet wird. Sie sagen:

Du bist a Blaß und bleibst a Blaß,
Geh auf d' Post und kauf dir a Maß!

Beim Schlittenfahren rufen die Kinder:

Aus da Boh, aus da Boh!
Wer net richti loatn ko.
Die Verballhornung lautet im Vilstal: ,,Wer net doppelt scheißn ko!" Im Innviertel sagt man: ,,Da Kaiser kimmt mit de Schimmi o'!" In Untergiesing heißt es: ,,Hinten hängt da Teifi dro'!"

Der Kettenreim vom Kegelscheiben:

Gestern hamma kegelgschiebm,
da is ma-r-oana- übabliem.
Den han i an Gärtner gem,
der Gärtner hat ma's Bleame gem,
's Bleame han i da Kuah gem,
d' Kuah, de hat ma d' Milli gem,
d' Milli, de han i da Sau gem,
d' Sau, de hat ma Börschta gem,
d' Börschta han i an Gerba gem,
da Gerber hat ma's Leder gem,
's Leder han i an Schuasta gem,
der Schuasta hat ma d' Stiefe gem,
d' Stiefe han i an Bauern gem,
der Bauer hat ma's Troad gem,
's Troad han i an Müllner gem,
der Müllner hat ma's Mehl gem,
's Mehl han i an Bäcker gem,
der Bäcker hat ma d' Semmeln gem,
d' Semmeln han i da Muatta gem,
d'Muatta hat ma's Geld gem,
's Geld han i an Krama gem,

da Krama hat ma d' Guatl gem,
d' Guatl han in an Dirndl gem,
's Dirndl hat ma-r-a Bußl gem.

Der verballhornte Schluß lautet:
. . .

's Geld han i an Krama gem,
da Krama hat ma's Gwand gem,
's Gwand, des han i zrissen
und an Haufa auffigschissn.

Das Kegelscheiben (zweite – kindlichere – Fassung)

Gestern hab i Kugerl gschiebn,
Is ma oans übabliebn;
Kugerl han i Muatta gebn,
Muatta hat ma Kreuzal gebn,
Kreuzal han i Jungfrau gebn
Jungfrau hat ma Kranzal gebn,
Kranzal han i Kuhli gebn,
Kuhli hat ma Milli gebn,
Milli han i Sauerl gebn,
Sauerl hat ma Borstn gebn,
Borstn han i Schuasta gebn,
Schuasta hat ma Schuahli gebn,
Schuahli han i Baua gebn,
Baua hat ma Troad gebn,
Troad han i Mülla gebn,
Mülla hat ma Mehli gebn,
Mehli han in Bäcka gebn,
Bäcka hat ma Spitzerl gebn,

Spitzerl han i Ahnl gebn,
Ahnl hat ma Geld gebn,
Geld han i Vadda gebn.

Auch hier gibt es einen verballhornten Schluß:

Ahnl hat ma Kreuza gebn,
Kreuza han in Muatta gebn,
Muatta hat ma r a Ruatn kauft
Und hat mi schö brav umaghaut.

In Peiting (Lechrain) kennt man eine andere Fassung dieses Kettenreims:

Loft a Has vum Bila[3] ra
schneidt a Schtikle Brot ra
s Brot gib i im Didele[4]
s Didele gibt mar a Gaggele
s Gaggele gib i im Freilein
s Freilein gibt mar a Bliamle
s Bliamle gib i im Kusele[5]
s Kusele gibt mar a Mimmele[6]
s Mimmele gib i im Kätzle
s Kätzle fangt mar a Meisle
s Meisle gib i im Schindar
dar Schindar gibt mar s Heitle
s Heitle gib i im Gerbar

[3] Bila = Hügel
[4] Didele = Huhn
[5] Kusele = Kuh, Kalb
[6] Mimmele = Milch (Kindersprache)

dar Gerbar gibt mar a Ledar
s Ledar gib i im Schuaschtar
dar Schuschtar gibt mar Schuach
d Schuach gib i dar Muattar
d Muattar gibt mar d Ruata
der Vater gibt mar Schleeg.

In Oberbierbach in Erdinger Holzland kennt man einen anderen Anfang und einen anderen Schluß:

Gestern hamma Kegel gschiebn,
is uns oana überbliem,
den Kegl hamma da Jungfrau gebn,
d' Jungfrau hat uns 's Kranzl gebn,
's Kranzl hamma da Kuah gebn.
d' Kuah hat uns Milli gebn,
. . .
Da Krama hat uns Guatln gebn,
d' Guatln hamma da Muatta gebn,
d' Muatta hat uns d' Ruatn gebn,
da Vater hat uns ghaut.

Die verkehrte Welt:

Auf d'Nacht, wann i fruah aufsteh,
in da Fruah, wann i ins Bett eigeh,
aft kragatzn d'Henna und gackert da Hoh,
und fangt das Korn zun Dreschn o.
D' Magd, de steckt an Ofa ins Feua,
d' Frau, de schlagt drei Suppn an d'Eier.
O mei, wia haan ma d' Stiefe gschwolln,
daß s' ma net-a-d' Füaß einwolln!
Nimm drei Pfund Stiefe
und schmier auf das Fett
und stell ma vor d' Stiefe das Bett.

Eine Kinderpredigt, nach deren Schema auch die andern aufgebaut sind:

Äpfe haan koane Birn,
Birn haan koane Äpfe,
d'Wurscht hat zwe Zepfe,
zwe Zepfe hat d' Wurscht,
da Baua hat vöi (vui) Durscht,
vöi Durscht hat da Baua,
sei Lebn wird eahm saua,
saua wird eahm sei Lebn,
der Wei'stock hat vui Rebn,
vui Rebn hot da Wei'stock,
a Kalb is koa Goaßbock,
a Goaßbock is koa Kalb.
Iatz is mei Predigt halb,
halb is mei Predigt,

der Brotschrank, der is nötig,
nötig is der Brotschrank,
a Tisch is koa Ofabank,
a Ofabank is koa Tisch,
im See schwimma vui Fisch,
vui Fisch schwimman im See,
der Hund, der hat vui Flöh,
vui Flöh hat der Hund,
a Laus is koa Pfund,
a Pfund is koa Laus,
mei Predigt is aus!

Bruchstück einer Kinderpredigt:

Oans zwoa drei,
alt is net nei,
nei is net alt,
warm is net kalt,
kalt is net warm,
reich is net arm,
arm is net reich,
ungrad is net gleich,
gleich is net ungrad,
da Wagn is koa Pfluagrad...

Eine andere Kinderpredigt, die offensichtlich an die vorige anknüpft:

Da Wagn is koa Pfluagrad,
da Pfluag is koa Wagn,
singa is net sagn,

sagn is net singa,
tanzn is net springa,
springa is net tanzn,
Flöh san koane Wanzn,
Wanzen san koane Flöh,
a Hirsch is koa Reh,
a Reh is koa Hirsch,
faul is net frisch,
frisch is net faul,
an Ochs is koa Gaul,
a Gaul is koa Ochs,
a Has is koa Fuchs,
a Fuchs is koa Has,
die Zung is koa Nas,
d' Nas is koa Zung,
d' Leber is koa Lung,
d' Lung is koa Leber,
der Schneider is koa Weber,
a Weber is koa Schneider,
a Bauer is koa Schreiber,
a Schreiber is koa Bauer,
süaß is net sauer,
sauer is net süaß,
d' Händ san koane Füaß,
d' Füaß san koane Händ.
A Psalter is koa Testament:
Also hat das Lied ein End.

Hiata, Morgenstern

Nun eine Reimkette, deren Glieder so miteinander verschränkt sind, daß kein einziges Glied ohne Zerstörung der ganzen Kette entfernt werden kann.

Hiata, Hiata, Morgenstern,
der Hiata, der mag d' Suppn gern,
d' Suppn wöi net außa,
der Hund, der duat an Kaußa[7],
an Kaußa duat da Hund,
da Rappl macht an Sprung,
an Sprung macht da Rappl,
da Schuasta hot zwoa Kappl,
zwoa Kappl hot da Schuasta,
da Weber duat an Huaster,
an Huasta duat da Weber,
da Wagn hat vier Räder,
vier Räder hat da Wagn,
mit Eisn han's bschlagn,
bschlagn hands mit Eisn,
de Blindn mua(ß) ma weisn,
weisn mua(ß) ma de Blindn,
da Schmarrn ist guat schlindn[8],
guat schlindn is da Schmarrn,
da Pflua(g) laaft na' n Karrn,
na 'n Karrn laaft da Pflua,
de Reicha haman gnua,
gnua haman de Reicha,

---

[7] kaußen = bellen, Kaußer = Beller,
[8] schlindn = = schlucken

da Vogl is a Schleicha,
a Schleicha is da Vogl,
da Tisch steht ganz rogl[9]
ganz rogl steht da Tisch,
an jedn Eck a bratner Fisch,
Und in da Mitt a Glasl Wei',
da ghört dei' Dummat ei'!

Zwei Zeilen dieser Reimkette gibt es auch in einer anderen Fassung:

De Vögl scheicha d' Scheicha
koa Scheicha scheicht an Vogl

Die Reimkette vom Morgenstern hängt mit dem Johannifeuer-Brauchtum zusammen, genau wie die folgende:

Hupf auf, Rappal,
's Tuach is a Kappal,
's Kappal is a Tuach,
da Müller braucht Schuach,
Schuach braucht da Mülla,
d' Hundt san de Biller (Beller),
de Biller san d' Hundt,
der Wagn geht z' Grund,
z' Grund geht da Wagn,
mit Eisn is a bschlagn
bschlagn is a mit Eisn,
de Blindn tuat ma weisn,

---

[9] rogl = locker, wacklig

weisn tuat ma de Blindn,
d' Roß duat ma schindn,
schindn tuat ma d' Roß,
da Kastn hot a Gschloß,
a Gschloß hat der Kastn,
aufn Berg tuat ma rasten,
rasten tuat ma am Berg...

(*Gretl Simböck – Braunau – sagt:*
„Schindn tuat ma 's Roß
und morgen fahr ma ins Moos")

Mit diesem Spruch zogen die Kinder von Haus zu Haus, schlugen mit Stöcken den Takt zum Gesang und schlossen mit einer Bitte um ein Scheit Holz für das Sonnwend- oder Johannifeuer. Dann riefen sie:

Heiliger Sankt Veit,
schick uns a Scheit,
heiliga Sankt Wendl,
schick uns an Bengl,
heiliga Sankt Floria'!
kent uns des Fuier a'!

Diese berühmte gereimte niederbayerische Kinderpredigt gibt es in verschiedenen, landschaftlich gebundenen Fassungen, zum Beispiel so:

Auf, auf Rappi,
a Tuach is a Kappi,
a Kappi is a Tuach,
an Alder is a Ruach,
a Ruach is an Alder,
a Stoa is a kalter,
a kalter is a Stoa,
a Rippn is a Boa,
a Boa is a Rippn,
schnell mua(ß) ma stippn,
stippn mua ma schnell,
da Kürschna hat a Fell,
a Fell hat da Kürschna,
d'Sau san de Bürschtna,
Bürschtna san de Sau,
da Müller had a Frau,
a Frau hat da Müller,
de Hundt, de san de Billa,
Billa san de Hundt,
da Wagn der geht z'grund,
z' grund geht da Wagn,
mit Eisn is a bschlagn,
bschlagn is a mit Eisn,
de Blindn mua(ß) ma weisn,
weisn mua ma de Blindn,
d'Küachen mua ma schindtn,
schindtn mua ma d' Küachen,

an Schmarrn mua ma muafen,
muafen mua ma'n Schmarrn,
und wer's net glaabt, des san Narrn.
Heiliga Sant Veit,
schick uns a Scheit,
Heiliga Sant Fix,
a langs und a dicks!
Heiliga Sant Taschendeckl,
schick uns a Batznweckl!
Heiliga Sant Floria',
zent da Frau an Kropf net a'!
Heiliga Sant Jakob,
schick uns an Hackstock!
Aus is's!

Uralt sind die Kinderpredigten. Es gibt auch die besondere Vortragsweise, daß sich die Kinder im Kreis aufstellen und jedes seine Predigt hersagt. Wer zuerst fertig ist, hat gewonnen.

D' Händ san koane Finger,
d' Finga haan koane Händ
und d' Nosn koane Zähnt,
d' Zähnt haan koane Nosn,
d' Hasn haan koane Hund,
krank is net gsund,
gsund is net krank,
der Stuhl is koa Bank,
d' Bank is koa Stuhl,
d' Buam gehnt a d' Schui,
a d' Schui gehnt d' Buam,

's Kraut san koane Ruam,
d' Ruam san koa Kraut,
's Dirndl is a Braut,
a Braut is das Dirndl,
Äpfi haan koane Birndl,
Birndl haan koane Äpfi,
a Maß Bier is koa Tröpfi,
a Tröpfi is koa Maß,
a Kruag is koa Faß,
a Faß is koa Kruag,
z 'weni is net gnua,
gnua is net z'weni,
der Dreck is koa Hönig,
der Hönig is koa Dreck,
und d' Schoatn haan koa Speck,
da Speck san koane Schoatn,
spöin duat ma mit Koatn,
mit Koatn duat ma spöin,
d' Schöfleit ham a Zilln,
a Zilln ham d' Schöfleit,
mir drei wern nia gscheit,
mir drei bleim Noarrn,
solang d' Schöfleit foahn.

Man beachte, daß die Vokale „Kärten, fahren und gar" in zwei Dritteln Niederbayerns „Koatn, foahn, goar" gesprochen werden, und zwar im ganzen Bayerischen Wald, im Gäuboden, im unteren Inn-, Isar-, Vils- und Rottal.

Noch ein Kettenreim:

Da Bauer is a Schleicher,
a Schleicher is da Bauer,
d' Milli werd eahm sauer,
sauer werd eahm d' Milli,
sei Wei(b) hoaßt Cilli,
Cilli hoaßt sei Wei,
wann er eahm schreit, na kimmts glei.

Ein Scherzreim aus neuerer Zeit:

Soiche sieme
wia mir sechse
gibts koane fünfe mehr,
weil, wenn mir viere beinand han,
han mir drei
de zwoa
oanzign!

Wenn ein Kind nicht ruhig sitzen will:

Bleib hocka,
himmlische Docka!

Und zum Schluß:

Entweder oder
Katz oder Koder!

Abzählreime

Sind die Kinder so weit herangediehen, daß sie mit den Gassenbuben und -dirndln herumspringen können, beteiligen sie sich an vielen Spielen und Scherzen, zum Beispiel am „Fangamandl". Da gibt es allerhand Abzählreime zu hören und zu lernen:

Oans zwoa drei vier,
sitzt a Mannderl vor da Tür,
hat a routes Hüatl auf,
obm sitzt da Kuckuck drauf.

Bicke backe Pfannastiel,
steht a Mannderl auf der Mühl.
Hat a grünes Hüaterl auf
und an Vierazwanzger drauf.

Bike, bake, Pfannastui,
de altn Weiba fressn vui,
de junga miassn fostn (fastn)
ham s' Troad an Kostn,
kimmt d' Maus,
trogt 's aus,
kimmt da Hos (Has),
sogt wos,
kimmt d' Goaß,
tuat an Schoaß.

Hennderl bibi,
Hennderl gaga!
Wannst ma koa Oar net legst,
stich i di a!

Hennderl bibi,
wo heiratst denn hi?
In Hennastoi ei,
und du muaßtas sei!

Oans zwoa drei
d' Henna legt ein Ei.
Vier, fünf, sechs
Hennagockl schmecks.
Sieben acht neun
Herr, schenk ein!
Frau saufs aus
Du bist draus!

I und no a Mo
ham an Bäck in Sock eito'.
Wer is' gwen? Wer hats to?
I und du und no a Mo!

Lirum larum Löffelstiel,
alte Weiber essen viel,
junge müssen fasten.
Brot liegt in dem Kasten,
Messer liegt daneben:
Was für ein lustig Leben!

Oans, zwoa, drei,
Bickebackebei,
Bickebacke Besenstiel,
alte Weiber fressen viel,
die Junga müassnt fastn,
sperrn das Brout in Kastn,
kimmt a Maus
und pickts aus.
dullu dulli –
du bist draus.

Ennö, bennö,	Ene bene
Supra, Hennö,	subtrahene
Diffö, daffö,	diri divi
Domine,	Domini
Eppö, Breckö,	Haferlknocker
Capi nekö	zilebu
Zickerl, Zackerl,	Geh aussi du!
Drauß!	

Alter Auszähler (von eins bis zehn):

Ana, zwaana,
draana, faana,
fugga, reba,
schweba, dicka,
dünna, dätsch.

1, 2, 3, 4, 5, 6, 7
eine alte Frau kafft Rüben,
eine alte Frau kafft Korn
du bist verlorn.

1, 2, 3, 4, 5, 6, 7,
eine alte Frau kocht Rüben,
eine alte Frau kocht Speck
und du bist weg.

Ich und du,
Dem Müller sei Kuh,
dem Müller sein Esel,
der bist du.

Ging! Gang!
Hopfastang!
Da Mesna läut't,
Da Goaßbock schreit,
's Kaibal geht gen Opfa
Mit den langa Zopfa,
Legt an Pfenning auf'n Tisch,
Geht davon und sagt nix.

Na(d)l, Fam, Fingahuat!
Stirbt da Baua, is's nöt guat;
Stirbt d' Bäurön aa zugleich,
Gengan d' Engln mit da Leich.
Wulli – Mulli: Wer is draußt?
Langa Hansl, du bist draußt!

I hon a weiße Tauba.
Wer hilft ma Federl klauba?
I oder du?
Der größte Esel, der bist du!

Mei Vadda is a Radlmacha.
Wiaviel Radl macht a's Tags?
Und i sag: Zwoa, drei
Und du bist frei!
Vier, fünf sechs:
Du mußt weg!
Siebn, acht neun:
Du mußt es sein!

Picke, packe, bei,
In der Dekanei
Steht ein Teller auf dem Tisch,
Kommt die Katz und holt den Fisch,
Kommt der Jäger mit der Gabel,
Schlagt das Katzl auf den Schnabel,
Schreit die Katz': Miau!
Will's mein Lebtag nimmer dau!

Mutter, Mutter, was ist das?
Hinterm Bette krabbelt was!
Kind, das kann ich dir nicht sagen,
mußt du erst den Vater fragen.
Vater, Vater, was ist das?
Hinterm Bette krabbelt was!
Kind, das kann ich dir nicht sagen,
mußt du erst den Lehrer fragen.
Lehrer, Lehrer, was ist das?
Hinterm Bette krabbelt was!
Kind, das kann ich dir schon sagen.
Das ist eine Maus und du bist drauß!

1, 2, 3, 4, 5, 6, 7.
Wo sind die Franzosen hin?
Nach Berlin! Nach Berlin!
Wo die schönen Mädchen sind,
In der Hauptstadt Nummer acht
hat das Schwein in's Bett gemacht.

Wer lüagt, der stöihlt[1] und kimmt in d' Höll
und werd a schwarzer Teufelsgsöll!

Oans, zwoa, drei,
bicke backe bei,
Bicke backe Pfefferkorn,
der Müller hat sei Frau verlorn,
hat sie nimma gfundn,
i glaub, sie is verschwunden.

Kartenzählvers

(32 Karten werden auf den Tisch gezählt. Dazu wird in 32 Versfüßen gesprochen. Der einzige Sinn dieser Reimerei ist, das Auszählen der Karten kurzweiliger zu machen.)

Schuasta Schuasta, flick ma d' Schuah,
gib ma 's Lederl aa dazua,
gib ma 's Lederl und an Draht,
mach ma fei a guate Naht,
unsa Schuasta schriftgelehrt,
woaß net, wem des Lederl ghört,
ghört net mei und ghört net dei –
zwoaradreißge müaßns sei!

---

[1] stöihlt = stiehlt

Abwandlung:

Schuasta Schuasta Miche,
flick ma meine Stiefe,
gib ma's Lederl aa dazua,
bist a brava Schuastabua.
Is koa Schuasta in da Stodt,
der a söichas Lederl hat.
Unser Dirn is schriftgelehrt,
woaß net, wen des Lederl ghört...

Oans zwoa drei
Hennalitanei
vier fünf sechs
Sterngucker schmecks
siebn acht nei'
du muaßt as sei!

(Hier gibt es eine Fortsetzung:
...,,Henna, laßts mi ei'!"
Zeha elf zwoif
du bist da Wolf!)

Rennfahrer Bibale
scheißt ins Kibale,
tragts auf d' Post,
fragt, was' kost,
laarts wieda aus –
und du bist draus!

Zick, zack, zaus –
und du bist draus!

Beim Beerenbrocken

Möhlbirleut
san net gescheit,
hörn erst auf, wanns elfe leit.

Renna d' Gassn auf und a,
kaffts ma meine Möibir a!
Möibir kan i selber rupfa
und mir in mei Mäu neizupfa.

Hoamzua, hoamzua,
Möhlbir hamma gnua,
lauter scheene,
gor koane greane –
Juchuhu!

Eiglbeern, Eiglbeern
Laßt sie 's denert zeitig wern,
reißt sie 's net als grüner a
san do andre aa no da.

Hoibama(nn)! Hoibama(nn)!
Füll ma mei Haferl a –
A(u)f und a(u)f
Und a schös Gipfal dra(u)f,
Nacha bist brav!

Hell a(u)f! Hell a(u)f!
Gupft voi! Ois is voi!
Da lang Sack is a scha voi!

Zungenbrecher

Kunnt i? kannt i? Konn i kaam.
Konn i kemma, kimm i,
kemma konn i aber kaam.
Kimmi, kimm i glei,
glei kemma konn i kaam.

Hans Hansl hot hintan houha Huawahoiz
hundert hingade Hosn huastn hörn!

Geht dar E'l, E'l mit dar A'l, A'l[1] ins Spi'lspa'l aufklaubn,
Schlagt dar Eh'l, Eh'l d'Ah'l, Ah'l mitn Spi'lspa'l auf
                                            d' Haubn.
(nach Schmeller)

Kein klein Kind kann Kirschkern knacken

Kein kleines Kind
kann keinem kleinen Kinde
Kein Ko[2] kochen! Komm,
Köchin, koch!

Blaukraut bleibt Blaukraut
und Brautkleid bleibt Brautkleid

's Mooswei maaht d' Mooswies.

---

[1] Ähnl = Großvater, Ahnl = Großmutter; bis ins Waldviertel bekannt
[2] Ko = Koch (Mus)

Zwischen zwei Zwetschgenzweigen
zwitschern zwei Schwalben

Heit tragt jeda Lackl scho a Lederjackl!

A Bauer maaht Gras, kimmt a Pater vorbei.
Da Bauer schaut. Sagt da Pater: ,,Mo maah!"
Sagt der Bauer:,,Pater maah du!"
Sagt da Pater ,,Maaht denn a Pater aa?"

Auf dem Tanzboden

I hab a schö's Vogerl, frißt Semmebräserl.
I hab a kloa's Dirndl, hoaßt Mari-Reserl.
Huracksdacks! Nimm's ba da Hax!
Nimm's ban Fuaß, schau, was' tuat!

Mei' Schaatzerl hoaßt Nannerl,
hat schneeweiße Zahnerl,
und a Grüwal i' da Koi[1],
drum gfallts ma so woi.

Du sackerisch Dirndl, bist sackerisch schee',
ka'st sackerisch tanzn, ka'st sackerisch geh'!

O, Dirndl, dei Schee'
werd aa boid vogeh!

Mei' Dirndl ka's Tanzn,
ka's aba net schee'.
,,Muaßt net a so nedln[2],
muaßt stad uma geh'!"

Dianal hopsasasa!
Und wenn da Gadan net waar
und waar da Gadan net vür,
so gaang i eini zu dir!

---

[1] Koi = Kinn
[2] nötteln = sich hin und her bewegen. An den alten Reimen, und seien sie erst 50 Jahre alt, merkt man am ehesten, wieviele Wörter ausgestorben sind.

Tanzn und schwaanzn,
schöne Gsangl singa,
koan Gadan net aaftoa,
frisch überi springa!

Wer a Schneid hod, gibt d' Taanz o',
wer a Geld hod, zahlt s' aus.

Dirndl, geh her zu mir, alloa is' ma load,
wannst 's Kidal net findst, gehst her i' da Pfoad[3].
Da Dudlsack is scho zsamgschlagn meinoad –
an Steffe, den wird um sei' Geigal load.

Wo koa' Geign tuat rau'ln[4]
fangt ma-r-a zun Lau'ln[5]

Bein Unterwirt is allwei grob Weder,
Bein Oberwirt, da geht da grouß Wind,
bein Bräu, da is's Halsn aufkemma,
bein Glaserwirt is' oawegs koa Sünd.

Auf den ehemaligen Weinreichtum Niederbayerns spielt ein anderer Vers an. Das niedere Bayern, das bayerische Unterland, hieß früher vielfach auch ,,Niederland" – im Gegensatz zum Oberland.

In' Niederland, da is's guat sei',
da führt ma dee Dirndl zun Wei'!

[3] Pfoad, Pfaid = Hemd
[4] rau'ln = klingen
[5] lau'ln = schlummern

Das Dirndl sagt zum Burschen:

Und wennst ma koan Wei(n) net zoist,
ums Bier is mar aa net vöi,
und wennst mi nacha hoisn wuist,
heb i dar aa net stöi.

Wenn außnher scho' alles fei(n)
und Spitz und Tatzln[6] bügelt sei',
is werchn[7] do da Unterstock;
ma sehgts net untern Unterrock!

Drei Paar ham tanzt:
Da krumm' Girgl und da Zipfe-Hans
Da Fackeblasi und da Dippedepp,
da Geiger Anderl und da Bäcker Sepp.

[6] Tatzeln = Manschetten
[7] werchn wie belchert = rauh, verkrumpelt

Eine Handvoll Trutzversl

Znachst han i ma-r-an Wetzstoa
vom Krama uma,
daß i a Schneid ha'
den ganzn Summa.

Her üban Weg,
spring üban Grabn,
brauchst koan Steg;
a Schneid muaßt ham!

Ös randige Bürscherl,
mir packn enk bo der Hand,
Bippadi, Pabbadi,
hads (seids) a Fliagnschiß an der Wand!

Wann die Fuchsberger furtgeh,
na san eahna vier,
und wann die Zaustecka kracha,
aft schnackln eahna d'Knia.

Zwoa Radi, zwoa Ruam
und die Simmberger Buam,
dee haan da so raß,
daß' koa Tuifl net fraaß!

Bin a frischa Bua, a glidawoacha[1]
geh her, wennst a Schneid hast, du Hosnsoacha!

[1] geschmeidiger

Oan und zwoa fircht i net,
drei und vier aa no net,
finf und sechs hab i gsprengt,
weil i vüri bi' grennt.

Geh her, wannst da traust,
na zoag i da mei' Faust!
So kloa was i bi',
han i a Schneid üba di!

Am Kammerfenster

Wia höher da Kirchturm, wia schöna das Gläut,
Wia weida zun Dirndl, wia bessa daß' mi g' freit.

Aaf d'Frei bin i ganga,
ha's Loatal oigloahnt,
ha gsunga-r-u pfiffm –
mei Schatzal hat gwoa't.

Ha's Schwegerl vogessn, denk allawei dro,
tuat ma's Dirndl net auf, bal i's Schwegerl[1] net ha'!

Narrada Bua, host an narrischn Si(nn),
kimmst oimoi (allemal) daher, wann i schlaaferi bi(n)!

Hat da Schlüssl gscharrazt,
had das Türl garrazt!

Bal schmuz i, bal lach i, bal schau i di o,
bal ziahg i di zuawa. Gern hawi di scho'!

Hitschade, hotschade,
steckst aa dei' Herz dawe(g),
druckst aa dei' Äugal zam.
Toust as vor Scham?

Lusti is' Bua sei, i tausch mit koan Mo'
Wann mi 's Dirndl nimma gfreit, geh-n-i wieda davo'.

---

[1] Die Schwegel ist die Hirtenflöte

A wengerl riglsam,
a wengerl roglsam,
a wengerl flaxat,
so mögn ma's mia!
Nur grad net datschert,
nur grad net patschert,
und aa net lusat[2],
uns gfoit dees nia!

Und da Hansl und d' Gretl ham Urlaub gnumma[3],
nacha haan eah de Zacha ausn Augnan grunna,
und di Zacha ausn Augnan und die Träna aufs Wang,
und da Hansl und d' Gretl *(Gräl)* kemma-r-aa nimma zam.

Wann i furt geh von Haus
gibts ma's Gloat und a Bussal dazua,
sagt: bitt di gar schee, mei Bua,
schmirb[4] di süst nindascht zua!

Mei' Liabal hat's Fiabal,
hat's alle drei Tag,
i schau ma-r-um a Liabal,
des's Fiabal net hat.

Apfelblüah und Weichselblüah,
de wachsn nia auf oan Stamm.
Und Bauernbua und Bettldirn,
de passnt nia net zsamm.

---

[2] lusat = lauschend
[3] Urlaub = Abschied
[4] schmieren = schmeicheln

Streng rhythmisch zu sprechen:
Bist a hübsch' Dirndl, bist a fei's Dirnl,
Awa mei' Dirnl bist net.
Hast a hübsch' Toa, hast a fei's Toa,
awa mei' Toa' hast net!

Wannst mi net mogst,
host a Mai, daß'd as sogst,
na geh-n-i wieda hi
wo i herkemma bi!

Kaam daß's Dirnl zwoif Jar ist oit,
hat's scho an Kundtn. Bua! Dees is z'boid!

Und wia muaß i's denn toa'?
Bi' zon Heiran z'kloa',
zon Ledibleim z'schlecht,
bi' ninda net grecht!

Wenn der „Progader" kommt

Hochzeitladerspruch in der charakteristischen Mischung aus Mundart und Schriftsprache:

Enk allesant sag i: Grüaß God!
I komm daher als treua Bot,
Verkünd enk all viel Lust und Freud,
Wia Gott es hat gefüget heut.
Merkt's af: Es hant zwo junge Händ
Ohn Umstand sich herumgewendt.
Zun Heilign Sakrament der Eh ham sich versprochn heut
Der tugendreiche Jungherr Florian Eschbaumer,
Langerbauernkind ist er genannt,
Wie auch der Nam daselbst ist wohlbekannt,
Mit da tugendreichn Jungfrau Agnes Eibl,
Bauerntochter in Kieblberg.
Ös sollts den zwoa Brautleuten den Ehrentag zieren
Und sie nach dem Gotteshaus Sankt Egidius führen,
Wo vortritt ein Priester im weißn Gewand,
Der hat a dickmachtiges Buach in da Hand,
Am Irta, die naxte Wochn; merkt es wohl,
Daß selbiga Tag bestimmt sein soll.
Dann seid ös eingeladen ferner
Von ehrengeachten Gastwirt Imolkamer
In seine schöne Behausung und Tafern,
Wo ös bedienet werdet wia die Herrn.
Das Mahl wollen wir einbringen in Fried,
Freud und Fröhlichkeit
Und beschließen mit der allerheiligsten Dreifaltigkeit.

Hochzeitlied

I sag mei Sach glei freli[1],
wia-r-i ma's denk.
Und i sags enk freli,
daß seitn Lenzn seli
so koa Houzattag nimma is gwen.

Des liabste auf der Welt
is a scheene reiche Braut
und da sehgt ma, wia da Brautführa
auf selcha aufschaut.

[1] freli = vom althochdeutschen fröhlich, unverdrossen, ohne Anstand, ohne Scheu, ohne Rückhalt

Vom Ehestand

Wann i amoi heirat, na heirat i zwo:
oane zon Zwiefeschneidn und oane a so.

Margng is d'Houhzat scho',
heint kimmt da Kammadwagn.

A Ding, das mi recht kindisch gfreut,
is ihra Kammerwagn,
vo den wern jung und alte Leit
langmaachti Wunda sagn.

I wünsch da Glick zo dein Tag,
an Beitl voi Goid[1] in' Sak,
und's Himmirei zon füdaschtn[2].

Kränzt mir mei' Haupt mit Rosmarin
Derweil i Braut und Jungfer bin.

Vor da Houhzat hoaßts: ,,Mei Herzerl, mei Dirnal,
mei allerliabsts Kind!"
Wann d'Houhzat vobei is, geht an anderner Wind!

I und mei alts Wei(b)
kinna guat tanzn:
I mitn Bettlsack,
sie mitn Ranzn.

---

[1] Goid = Geld
[2] Zum Vördersten, vor allem

Aus Grübels Gedichten in Nürnberger Mundart, Ausgabe 1857. Überraschend, wie altbayerisch nürnbergerisch damals noch klang:

Ma woaß net, wenn ma Kinda kriagt,
so had ma do an Ma',
der oan', as wia's da Brauch is hier,
an Gvattan gwinga ka'!

Nach der Geburt eines Kindes:

Schau ma jetzad in' Kalena;
wia soll i woi den Schraazn nenna?

A oanzigs Henderl,
an oanzigs Oa,
da soll ma iatz hausn,
und haan unsa zwoa.
Da solln ma hausn,
san unsa drei.
Da solln ma hausn –
o, du mei liabs Wei!

Am Feiertag, da wöi s' nix was tanzn,
af d'Nacht grad an Hoagart umschwaanzn!

Drah die Waaberl, drah di,
wann i di net hätt, was daat i?

Iatz haw i no sechs Kreiza,
dee ghörn mei' und dei',
draah di, Waawal, draah di,
vasuffa müassnts sei.

Schiache Weiber und an a(b)gstandns Bier,
der Herrgott bewahr mi zeitlebens davür.

Sei tuats wohl a stinkfauls Manndl,
hat allwal mi'n Naffazn Handl[3].

Ma ko leicht trei bleim bis zur Todesstund,
wann oan nix dazwischen kummt.

's Weiwasterbn
bringt koa Verderbn.
Awa 's Roßverrecka,
dees ko di schrecka!

Der Witwer klagt:

Wenn i in stiller Ruah,
iawen an Niasta tua,
sagt neamad: Hoif da God!
Ach, waar i tout.

Litanei vom Hausl und Häusl

Da Hausl hats Häusl kaaft
huppa di hä
hot koa' guate Schindln an Da(ch)
dummli dei dä
's Wei duat a d'Stodt eigeh
huppa di hä

---

[3] kann sich kaum des Einschlafens erwehren

Da Hausl mecht aa mitgeh
dummli dei dä
Da Hausl muaß dahoamtn bleim
huppa di hä
bein Schüssl- und Dajer[4]-Reibn
dummli dei dä
Dajerreibn is aa net gnua
huppa di hä
Hennagreifa muaß er aa dazua
dummli dei dä
Wia's Wei vo da Stodt hoamkimmt
huppa di hä
Hausl, wia vui hamd denn d'Henna glegt?
dummli dei dä
Mei, Wei, des ko dar i net sagn,
huppa di hä
d'Henna haan bein Godern ausgflogn,
dummli dei dä
Da nimmts Wei d'Ofagrucka[5] her,
huppa di hä
schlagt an Hausl hi und her
dummli dei dä
Wenns lauta seiche Weiba gaab
huppa di hä
kunnt koa Mo' in koan Boaling[6] bleim
dummli dei dä!

[4] Dajer = Holzteller
[5] Ofagrucka = Schürhaken
[6] Boaling = Hosenbein

Essen und Trinken
halten Leib und Seel zusammen

Tölz und Arding,
Vilshofen und Scharding:
Im Bayerland der Orte vier,
wo man braut das beste Bier!

Auf bein Spund!
D'Welt geht z'grund!
Wenn ma nimma lebn,
ha'mma nimma gsund,
kimma nimma sagn:
Auf bein Spund!
D'Welt geht z'grund!
Bumm!

A Wein, der a Jahr alt,
a Brout, dös an Tag oit,
und an Oar, dees a Stund alt,
san: was uns gsund halt'.

Tischgebet:

Gsegn uns Gott di Suppn
vor Fliagn und vor Muckn,
und vor dem Stiegelitz,
daß uns koana in d'Suppn sitzt.

Wer ein Stückl Brot nicht ehrt,
ist auch den Laib nicht wert.

Ja, a söichane Köchin
han i nia net kennt,
dö's ganz Jahr koa Haferl bricht
und nix vobrennt.

Ein Reim aus Gigling, Pfarrei Rappoltskirchen:
Muaß i da-ra Gschicht vozuin
vo da langa-r-Uilln *(Elle)*
vo da kurzn Wocha,
da hat da Metzga's Kaiwi gstocha.
Kriag i a Wurscht,
kriagst du a Wurscht.
Kriag i an Speck
und du an Dreck.

Ein Paukenvers:
(So genannt, weil man diese Gattung Verse
im Traunviertel mit Paukenschlägen begleitete)
Kurios san d'Würscht in Penewang,
die halten si im Magn net lang:
Vor der Mettn ham se's gessn
und bein Gloria san s' drauf gsessn.

Rahmkoch essn, Brandwei' trinka
und aft a Weni's umasinga.

Mischlingmost – Marschlingmost –
das is an Arschlingkost!
Wann da-r-amoi 's Lo' varrost,
dann trinkst an Mischlingmost!

Aus München:

Mhm, sagt er
aha, sagt sie
was hostn kocht? sagt er
gschnittne Nudln, sagt sie
sans guat? sagt er
versuachs, sagt sie
hoaß hoaß! sagt er
hast di brennt? sagt sie
mhm, sagt er
aha, sagt sie.

Der Lehrer, der Pfarrer und der Doktor
oder
Wer den Schaden hat, braucht für den Spott nicht sorgen

An Franzl sei Nachtgebet:

Himmivater schau, i bitt,
gell, vogiß dein Franzl nit!
Laß mi werdn reich und groß,
laß mi gwinga 's große Los.
Gib da Muatta Flickarweit,
daß's uns Fleisch und Knödl leidt.
Schenk aa Kaiwe unserer Kuah,
daß ma Troad kriagn heia gnua.
Unser Lehrer is so bös,
er hot am Finga grad was Wehs,
schau, daß's eahm recht langsam heilt,
daß er koane Schläg austeilt,
daß da Vata vöi Guats kaaft,
net so viel ins Wirtshaus laaft!
Himmivater, no a Bitt,
nimms vo deinem Franzl mit:
Rechn's net als Toudsünd o,
daß i gestern bet' net ho!

Der Pfarrer z'Sankt Veit,
der predigt und schreit,
und der Schuimoaster singt,
daß eahm 's Rotz awarinnt!

Sechs mal sechs ist sechsunddreißig,
is der Lehrer no so fleißig,
san die Kinder no so dumm,
draht der Lehrer 's Steckerl um.
's Steckerl bricht a
und der Lehrer liegt da!

Da drobn aufn Bergerl,
da steht a Kapelln,
da tanzt der Herr Lehrer
mit seiner Frau selm.
Kimmt da Herr Pfarrer,
sagt: ,,Tanzn is a Sünd".
Tanzt nachant glei selba,
daß sei Kappi aufspringt.

Zweite Fassung:

Da abn am kloan Bergerl,
da tanzn zwoa Zwergerl,
dee tanzn so rar,
wia wann i aa dabei waar.
Dawei kimmt da Herr Pfarrer,
der sagt ,,'s Tanzn is a Sünd!",
dawei tanzt da Herr Pfarrer,
daß' Röckei umspringt.

Da Pfarra vo Sant Peter,
bald geht er, bald steht er,
bald loahnt er si o
an der Ofabänk dro.

I han beicht,
i grat's¹ Dirndl net leicht.
Sagt da Pfarra zu mir:
„Mir gäht's akkarat wia dir!"

Volkstümliche Abwandlung eines alten Gedichts:

De oite Nandl, de is krank,
as ganze Gsicht is eahm verschwolln,
sie hot als wia a Holzkopf zahnt,
zletzt laßts an Dokta holn.
„O mei, mit mir is' gfeit,
i bin an oiter Scherm!
Herr Dokta, i moan allawei,
Herr Dokta, i muaß sterbn!"
„Geh Muatterl", hot da Dokta gsagt,
„schau, sei do net so dumm!
Schau, sterm müaßt ma allesam,
na bringts aa di net um!"

¹ geraten = entraten, entbehren

Handwerk hat einen goldenen Boden

Um dreiviertel drei
geht da *Metzga* ins Gäu.
Wos nimmt a denn mit?
An Hund und an Strick.

Schuasta, Schuasta Miche,
flick ma meine Stiefe,
gib ma's Leda-r-aa dazua,
bist a brava Schuastabua.
D' Schuastabruck is brocha,
müaßt ma's wieda mocha.

Schuastabua, du kloana,
wackelst auf die Stoana,
wackelst auf die Stiefisohln,
soll di glei der Wauwau holn.

Schuasta bum-bum!
Treib d'Flöh aus da Stum,
Treib s' aufi in d' Kamma,
Schlag s' aba mit'n Hamma,
Treib s' eini in'n Sta(d)l
Stich s' a mit da Na(d)l!

Zwiegespräch:

Schuasta, wo kimmst her?
Vo da Ster.
Wos host gstoin?

A paar Soin.
Und was no?
Und an Brocka Schmer.
Und sunst?
Nix mehr.

Am Freita
springt d'Katz auf d'Scheita,
d'Scheita wern brinnad,
d'Katz werd springad,
springt aufn Schuasterloab,
da Schuasta tuat an großn Schoaß.
D'Schuasterin is dakemma,
laßt no an größern renna!

Schuastahansl flick ma d' Schuah,
gib ma's Leda aa dazua.
Gib ma's Leda und an Draht,
mach ma fei a guate Naht.
Unsa Dirn is schriftgelehrt,
woaß net, wem des Leda ghört.
Ghört net mei und ghört net dei' –
müaßnt zwoaradreißge sei.

Schuastalapp,
laaf an Trab,
um a Finferl Schnupftabak,
sie hat gschnupft,
er hot gschnupft,
haans mitanand as Bett eighupft,
sie hot glacht,

er hot glacht,
hams mitanad as Bett eigmacht,
sie hot si gschamt,
er hot si gschamt,
hamses mitanand wieda aussi gramt.

Schneider bum bum,
Treibt d'Flöh aus der Stum,
treibts aussi in Stodl[1],
stichts a(b) mit da Nodl.

In da Stodt, sagt a,
is a Hetz, sagt a,
kimmt da Schneida, sagt a,
auf da Goaß, sagt a,
und da Schuasta, sagt a,
auf da Kuah, sagt a,
d' Musikanten, sagta,
spöin dazua.

Dirndl, wennst heiratst,
so heirat an Schneida,
werd da dei' Ki'l[2] z'eng,
macht a da'n weida.

d'Maler und Lackierer
haan de greßten Leutausschmierer.

---

[1] Stodl, gesprochen Stoll = Stadel, Scheune
[2] Ki'l = Kittel

Zwischn zwe Kirchatürm
tanzn zwe *Möllnersbuam*[3];
laß no geh, laß no geh,
tanzn so schee.

Müller, Müller, Maler,
gib ma-r-an Sack voi Taler,
gib ma-r-an Taler in die Hand,
fahrma mitnand auf Engelland.

Bein *Schmied* hots an Unglück gebn.
Möchts es wissn?
D'Radltrogn is wüati worn
und hot an Schubkarrn bissn.

Unsa alts Häuslwei
und da oid Schmied
raffan den ganzn Tag
um a Bur(d) Wied

Bein Schmied am Eck
is da Gockl verreckt.
Da Wirtssepperl z'Lern
hat'n pekazn hörn.

Üba d' Schmied und üba *d'Wagna*
hab i no nia singa ghört.
's gibt vöi Dutzad neie Gsanga,
san denn gnetta sie koa' wert?

[3] Möllner = Müllner, Müller

Badawaschl
hat koa Geld im Taschl.

Dirndl, heirat koan *Maurer*,
laß d'Finga davo:
Hast im Winter koa Geld
und im Summa koan Mo'.

Sagt da Maurerpalierer
zun Mörtlrührer:
,,Tua-r-an Maßkruag vüra,
du Hund, du zau-dürra!"

Fortsetzung dieses Zwiegesprächs:

. . . da sagt da Mörtlrührer
zun Herrn Palierer:
,,I sauf mei Bier scho selber,
du Aff, du gelber!"

Rupfas Garn, harwas Garn,
d'Weba haan narrisch worn.

Wenn i a Weba waar
und häd a schee's Garn[4]
schnid i an Ell außa,
as müa'd ma's neamd gwan[5].

---

[4] Garn, gesprochen wie ,,Ladn"
[5] gwan = gewahren

Da *Wirt* z' Florio
hot d'Schieboa hint und d'Wadln vorndro!
Wann eng oana kimmt,
hot d' Schieboa hint und d' Wadln vorndro –
dees is da Wirt z' Florio!

Lusti haan *d' Hoizknecht*,
d' Schoatnsprenga,
und am Samsta auf d' Nacht
toans hoamkemma.

Dralalala, sagt da Besnbinda[6],
Haha,
is a koida Winta,
haha,
is a Lambeschinda[7]
Dieses Verserl wird auf eine eintönige Melodie gesungen.

D'Lederer haan grob, dees woaß i scho',
ma kennts eah' glei an'n Fingan o.
Wuzlbraune Nägl, dees is wahr,
sie schabn 's Leda a(b) samtn Haar.

Der Nagelschmiedtanz:

Heirat i an Krama, muaß i aufs Land,
heirat i an Schinda, is 's ma-r-a Schand,
heirat i an *Naglschmied*,
hab i Tag und Nacht koan Fried,
gniglt, gnaaglt, gnaglt muaß sei'!

---

[6] Besnbinda, gesprochen: Binta
[7] Lambeschinda, gesprochen: Schinta

Der Moaster und der Lehrling

Mein Schwiegervater, Gott hab ihn selig, ist ein richtiger Niederbayer gewesen, ein Bauer aus dem Hügelland zwischen Landshut und Vilsbiburg. Um den Stubentisch sind zehn Kinder gesessen. Es ist viel gebetet worden, aber auch viel dischkuriert und viel gelacht. Unerschöpflich war der Vorrat an Volksreimen, aus dem der alte Bauer schöpfte. So hat er auch ein Zwiegespräch zwischen einem Meister und einem Lehrling auswendig gewußt, bei dem es darum ging, daß zuerst von *eins* bis *zwölf* hinauf gezählt werden mußte und dann wieder von *zwölf* herunter auf *eins*. Ich hab meinem Schwiegervater immer wieder zugehört und schließlich den merkwürdigen Diskurs zwischen Meister und Lehrling auswendig gelernt. Wie gesagt, der Erzähler dieses Volksreims war ein frommer Mann – vielleicht konnte er es sich gerade darum leisten, in seiner Ausdrucksweise ungeziert, ja von Herzen derb zu sein.

Der Moaster:
An Dumma sagt ma's *oa* moi,
an Lippi sagt ma's *zwoa* moi,
dir hab i's scho *drei* und *vier* moi gsagt,
iatz bist *fünf* Wocha bei mir da
und hast da no net *sechs* Kreiza vodeant!
Um *sieme* bist aufgstandn,
um *achte* bist kemma,
um *neune* bist zon Scheißn ganga,
um *zehne* hast as Arbatn ogfangt,
vo *elfe* bis *zwölfe* is Mittagzeit, da host a so nix to.

Der Lehrling:

Vo *zwölfe* bis *elfe* is Mittagzeit, dees geht di an Dreck o!
Liaba *zeha* Tag eispirrn
und *nei*moi prügeln,
ois wia bei an söichan *Acht*seligkeitsmoaster arwan!
Du *siem*gscheiter Moaster!
Jetz bin i *sechs* Wocha da bei dir
und hab ma no net *fünf*moi zon Scheißn Dawei gnumma!
Vier haand uns gwen,
für *drei* habts eh grad kocht,
zwe' hättns leicht gessen,
und jatz is grad no *oana*,
jatz leckst mi aa am Arsch, jetz geh-n-i!

Das Jahr hindurch

Neujahrswunsch:

A guats neis Jahr,
a Christkindl mit aufkrauste Haar,
viel Glück ins Haus,
's Unglück bein Raugfang naus,
a guats Lebn, a langs Lebn
und an Himmi glei danebn.

Ein Volksreim zum Dreikönigstag:
Dö heiling drei Kini,
dö hackan an Bo(r)n,
is oana dabei,
hat sei Hacka valo(r)n;
is oana dabei,
der hat s' wieda gfundn:
Dös haand dö heilinga
drei Zimmalumpn!

O Kaschpar, Melcher, Balthasar,
verschon uns auch in diesem Jahr
Vor Wasser- und vor Feuergfahr

(Beim Räuchern des Hauses, der ,,Dreikönigsweih")

Die Nacht vor Heilig Dreikönig ist eine Rauhnacht (Rauchnacht). Die Sänger gingen von Haus zu Haus und sangen ihre Lieder. Dabei baten sie um Krapfen:

Heut is d' Rauhnacht!
Wer hat s' aufbracht?
An alta Ma!

Is üba d' Stiagn abakrocha,
hat sie zwoa Boanl abrocha.
Wer muaß 's büaßn?
D' Bäurin mit 'n Küachln.
Kropfa heraus! Kropfa heraus
oda i stich a Loch as Haus!
D' Schlüssln hör i klinga,
Kropfa wern s' ma bringa:
Mir zwö, dir zwö,
kinn ma mitananda geh!

Spa(n)schnitza, Spa(n)spreitza,
moch d' Kuchitüa auf!
Steht d' Köchin in da Kuchi,
gibt an Küachi heraus.
Gib mia r an weißn,
kann ihn leichta beißn!
Gib mia r an langa,
kann ihn leichta daglanga!
Gib mia r an woama,
loß da 'n net daboama!
Auf enkana Gossn
is ma 's Singa ois z' koit!

Lieder der „Sternsinger"
(Sie stellen die Heiligen Drei Könige dar, von denen einer den „Stern von Bethlehem" auf einer Stange mitträgt):

Die heiling Dreikini san frisch und munta,
sie mechtn brav Zwetschgn, brav Kletzn drunta.
Und wenns uns was gebn woits,
so gebt's uns nur boid;
denn auf enkana Gred
is ma 's Singa ois z' koit.

D' heilön drei Küni san hochgeborn,
sie reisen daher mit Stiefel und Sporn,
sie reisen daher vor Herodes sein Haus,
Herodes schaut selba zon Fensta heraus:

Kehret ein! Kehret ein alle drei,
ich will euch halten zehrungsfrei!
Ich will euch zu essen und trinken gebn
und heunt Nacht zu Schlafen leng.

Schlafa leng is uns nöt gnua;
mia müassen heunt noch weiter ziehen,
weiter ziehen in die offene Stadt,
wo Joseph und Maria das Christkind geboren hat.

Wenn die Kriegstrommel schlug, reimte man:

Rumpate pum pum,
da Koasa schlagt um!

An Mariä Lichtmeß wird das Wachs für das ganze Jahr geweiht. Der Lichtmeßtag war einst der allgemeine Lohntag, an dem die Dienstboten ihren Jahreslohn erhielten. Ein Lichtmeßspruch, eigentlich ein Dialog zwischen Knecht und Bauer, lautet:

Knecht: Af Lia(ch)tmessn sand alle Bauanbuam frisch,
setzn 's Hüatl af d' Seitn und stehn 'n Bauan
üba'n Tisch.
No jatz Baua, müaßt ma übaschreitn,
's geht scho üba d' Zeitn.
Han mi scho seit
da Habaarnt af Lia(ch)tmeß gfreut.

Bauer: No, du hast di scho seit da Habaarnt af
Lia(ch)tmeß gfreut?
Han da oft a Arbat gschofft, hast di a no nia
g'ei(l)t!

Knecht: Hast mi du a nia eilig g'lobt.
Hätt oft gern Schmoiznull g'essn,
Han ka(u)m a blobi¹ Suppn gha(b)t.

Bauer: Schmazt a allawei vom Essn! —
Af koa Arbat mirkst net af!
Af d' Nacht gangst ins Wirtshaus
und um achte standst erst af!

Knecht: Na, jätz Baua, Baua,
trag nur net lang aus,
gib ma, wos d' ma schuidi bist,
na kimm i da aus 'n Haus!

¹ blob = blau

Bauer: Na, dös wer i da jatz glei vozähln:
In Geld hast 4 Kreuza und in Tuach a hoibi Elln!

Knecht: Hätt' ma i net mehr vodeant?
Bin scho so lang bei dir!

Bauer: Des wer i da jatz glei sagn:
War a Tanzl wo dawei,
warst du übarai dabei!

Faschingsverse:
I bin a kloana Pumpanickl
und hab an großn Sack,
und weil i nixn drinnat hab,
drum bitt i um a Gab.

Iatz gehn i zum Soala
und kaff maran Strick,
binds Dirndl am Buckl,
trags überall mit.

Heit hamma Eräpfi droschn,
und Haslnuß gmaht,
ham Rührmilli gspunna,
de hats da draaht!

Blauer, blauer Fingerhut
steht der Jungfrau gar so gut.
Mädchen, du sollst tanzen
mit den blauen Fransen,
Mädchen, du sollst niederknien
und dir einen außerziehn!
(Kinderspiel)

Wanns Topfanudl rengt
und Schmalzküachi schneibt,
na bitt ma-r-an Herrgott,
daß 's Wetter so bleibt.

Lusti is de Fasenacht,
bal mei Muatta Küachl bacht.
Bal sie aber koane bacht,
pfeif i auf de Fasenacht.

Viechhandel:

Bein Roßhandel und bein Rinderkauf
mach d' Augn oder an Geldbeutl auf!

Vom Habernbauen:

Hott mei Schimmi, hott mei Brau'
Margn müaßtma Howan bau',
Hawern bau' und Woaz hoamführn,
daß ma guate Knödl kriagn.

Hint hawi außigschaut,
hamman d' Leut Howan baut,
Schimme ziag o,
daß i aa Howern bau ko!

Die Eisheiligen:

Pankrazi, Servazi, Bonifazi
san drei eiskalte Nazi,
und zum Schluß fehlt nie
die kalte Sophie.

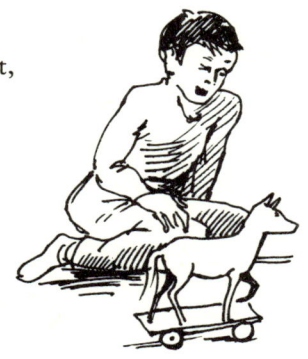

Pfingsten:

Pfingstl ho ho! Der Pfingstl is do!
Nehmts a Krüagerl Wasser und schütts'n brav o!
A Krüagerl Wasser is no net gnua,
a Brocka Schmoiz und a Schilling[2] Oa ghört dazua.
Oa Schilling, zwoa Schilling und a Loab Brout,
na leidt da Herr Pfingstl ganz gwiß koa Nout!

Ein „Santrigl"-Vers aus dem Böhmerwald, nahe dem Grenzkamm zum Bayerischen Wald, anläßlich des Pfingstlrennens am Pfingstmontag. Dieser Vers steht für die nordbairisch-oberpfälzische Mundart mit ihren „gestürzten Diphtongen: „Köichel" für „Küachl". (Der „Santrigl" oder „Samtregel" ist eine Kollekte von Eiern und Butter, die am Pfingstmontag die Hirten und Pferdebuben von Moosach und Neuhausen, gelegentlich eines possierlich-feierlichen Herumreitens in diesen Dörfern und in Nymphenburg zu machen pflegten)

Beirin, schauts aussi dur d' Fenzascheim,
kinnts es do hoartheazi bleim?
Rennt ums Haus ahne Sadl und Woia[3]
daant enk bitten, habts Köichel und Oia?

Der Pfingstl ist agstorbn,
is im Bett vadorbn.
Waar a ehnda aufgstandn,
waar a nöt vadorbn!

[2] Ein Schilling Eier sind dreißig Stück
[3] Woia = Ochsenzügel

Gebts eahm an Brocka Schmaiz wia r an Roßkopf!
Er kann 'n a wieda vagleicha
mit Pfiffn und Pfeifa.
Vivat! Juhu!

Ein anderer Pfingstlspruch:
Wir treten in Pfingstl sei Haus;
da schaut da Herr Pfingstl vom Fenster heraus.
Nun moant da Pfingstl, mia sand de schlechtn,
dawei san ma an Pfingstl seine Knechtn.
Da erst, des is da Schadnfroh,
der geht in Sto(d)l und schneid't a Stroh;
der zweit', des is da Langsam,
der geht in 'n Sto(d)l und kehrt 's Gsott z'samm;
da dritt, des is da Mistfaul,
der geht in Stoll und mist sein Gaul;
da viert', des is da Pfressn[4],
der hat an Löffi in Mäu vagessn;
da fünft', des is da Pfingstl,
der laßt sie being und schmeing
und in a kloans Haferl scheibn.
In a kloans Haferl geht nöt viel ei,
als wos a paar Maß Schmaiz und a paar Schilling Aia.
und zwanzg Markstückl Geld dazu ka ja net viel sei.
Pfingstl herei(n)!

Der Pfingstl spricht darauf:
Habt Dank! Habt Dank!
Ihr Herren und Frauen!

---

[4] Pfressn = Vielfraß

Wir werden es schon wieder vergleichen
mit Trommeln und Pfeifen,
mit Spießen und Stangen
aufs nächste Jahr wieder etwas zu erlangen!

Das Hexen -,,Ausblaschn" im Bayerwald.

Durch Peitschenknall werden aus Häusern und Ställen in der Nacht zum Pfingstsonntag die Hexen vertrieben. Frischer Rasen wird vor die Stall- und Haustür gelegt, mit Weihwasser gesprengt und gesagt:

Fluigts davo, Nachgaid und Hexna,
Paschna[5] tuschnt enk aus,
d'Engal daatnt enk zmecksna
in mein guat gweihtn Haus!

Vom Butterausrühren:

Spaziern, spaziern,
Frau, leich ma dei Dirn,
zon Waschn, zon Bacha,
zon Butter ausrührn.

Beschwör-Vers:

In Gotts Nam rühr i aus
an Butta als wiara Haus,
vo jedn Haus an Löffe voi
und vo da Gvattrin zwe'!

---

[5] Paschna = Peitschen

Zauberspruch:

Riadle, riadle, riadle zamm,
vo Regnschburg bis auf Cham
vo jeda Kuah an Löffe voi,
na werd dees ganze Rührfaßl voi!

Beim Butterausrühren wird zuerst Weihwasser darüber gegeben, dann werden die Kreuze gemacht und man spricht:

In Gotts Nam rühr ma-r-aus
an Butter wia-r-a Haus,
an Butter wia-r-a Stadleck[6],
na gäht firs Basl aa was weg.

Sonnwend – Johanni:

Heiliga Florian, zünd uns a Feier an!
Heiliga Veit, gib uns a Scheit!
Heilige Mirl, stift uns a Bierl!
Heiliga Jakob, weich uns an Hackstock!
Heiliga Gang, gib uns a Stang!
Laßt's enk sagn und kemmts aa heier
wieder her zum Sunnwendfeier.

---

[6] Stadleck = gesprochen: „Stoolleck"

In Niederbayern gab es bis vor kurzem nur wenig Orte, in denen das Sonnwendfeuer nicht abgebrannt wurde. Einige Tage vor Sonnwend gingen die Buben ans Holzsammeln. Meist hatten sie einen Wagen oder Karren bei sich, auf den sie das geschenkte Holz luden. Vor jedem Hause schrieen sie aus vollem Hals ihren Bettelspruch:

Da Michö und da Veitl,
dö bittn um a Scheitl,
dö bittn um a Burd Wied,[7]
na habts dös ganz Jahr an Fried.
Kurze Scheita, lange Scheita!
Kemmts morgn af d'Nacht in's Sunwendfeua!

Das Spiel vom Sommer und vom Winter:
Vom Herrgott san mir ausgesandt,
mir roasn an Kaiser durch sei' Land.
Mir zwen vertrogn üns aber schlecht,
weil an iader gern der Herr sei' mecht.

Sommer:
Grüaß God, meine Leitl, ös kennts mi ja,
seitn Auswärts bin i bei enk im Land.
Ös habts mi gern, drum bleib i da!
Als Summer bin i guat bekannt.

Winter:
I grüaß enk aa! I bi' der Winter!
I kim daher vo' Mitternacht.
Von Berg bin i abhergstiegn
und han mir an Haufn Gsölln mitbracht!

---

[7] Wied = dürre Zweige, Reisig

Sommer:
Gscheider waars gwön, du waarst nöt kemma,
hat dir koa' Mensch nöt gschrian!
Mechst mir leicht mei' Herrschaft abnehma? –
Mei', Winter, da kunntst di leicht anschmiarn!

Winter:
Summer, tua mi nöt gleich so lötz[8] anredn,
dei' Zeit is aus. – Muaß der Winter anhebn!
Ja Herre, ja mei', der Winter is fei'!

Sommer:
„Fei'" nennt er dös, habt's ös eh ghört,
wenn er 'n Leitn Händ und Füaß abgfrert!
Naa', der Winter der is rauch und hart,
hat Eis und Schnee in seinign Bart!
Ja Herre, ja mei', der Summer is fei'!

Winter:
Naa', naa', mei' Summer, dös stimmt nöt recht,
i bi' bei weitn nöt so schlecht.
Den Leitn bring i grouße Freid,
kimt do mit mir de Weihnachtszeit!
Ja Herre, ja mei', der Winter is fei'!

Sommer:
Du bringst den Leitn a grouße Költn,
drum tuan ja olle af di scheltn,
bei mir in Summer is' s schö' warm,
da bracht neamd friern, ob reich ob arm.
Ja Herre, ja mei', der Summer is fei'!

---

[8] lötz = schlecht, schlimm

Winter:
Z' Weihnachtn, wanns Goldene Heinßl[9] springt
und 's Christkindl guate Sachn bringt,
da is de allerschönste Zeit
für de groußen und für de kloan Leit.

Sommer:
Wann in Summer de Bleamel blüahn
und de Vogerl in Foid jubiliarn,
da vergißt ma' den ganzn Kummer und Schmerz
und Freid ziagt ein in an iads Herz.

Winter:
Mei', Summer, tua di nöt so leicht redn,
sünst muaß da mei' Drischl a Hirnbatzl gebn!

Sommer:
In Summer blüahn d' Kerschbam und 's Troad,
der Hüaterbua treibt d' Küah af d' Woad.

Winter:
De Küah wer i mitn Reifn votreibn,
de Kerschbam, de wer i gen bald ei'schneibn!

Sommer:
Aber Winter, wo bist denn du umergfahrn,
daß dir dei' Pölz so lausig is worn?

Winter:
Aber Summer, wo bist denn du umhergefahren,
daß dir dei' Hemd so brandi is worn?

[9] Goldenes Heinßl = Goldenes Fohlen

Sommer:
I bi' da Summer, also stolz:
i mach mir d' Hitz un brauch koa' Holz!

Winter:
I bi' da Winter, also stolz:
i bau mir a Bruckn und brauch koa' Holz!

Sommer:
I maah mirs Troad und führ mirs ei':
In Summer ka' koa' Nout nöt sei'!

Winter:
Und führst dirs du ei', so drisch i mirs aus,
und mach mir großmaachtige Dampfnudel draus.

Sommer:
I gfrei mi scho' aufn Michelitag:
da beitl i mir d' Äpfl und d' Birn herab.

Winter:
Und beitelst du s' abher, so klaub i s' auf,
aft macht mir mei' Gretl a Gletzenbrout draus.

Sommer:
Aber Winter, du hast a Paar grouße Glasaugn,
de daatnt in der Schul zum Abschaugn guat taugn!

Winter:
Aber Summer, du hast a grouße Nasn,
du taugatst an Mesner zun Kirzn abblasn!

Sommer:
Aber Winter, du daatst mi extra trutzn,
i wer dir glei dein Bart abherstutzn!

Winter:
Stutzt mir du an Bart, so rupf i dir d' Haar,
geh nur her, i steck dir a paar!
Ja Herre, ja mei', der Winter is fei'!

Sommer:
Hau nur her, i fürcht di nöt,
i bi' der Summer, i weich dir nöt.
Ja Herre, ja mei', der Summer is fei'!

(sie raufen)

Winter:
Aber Summer, du hast mir d' Haxn abgschlagn,
kannst mi gen glei Bucklkraxn hoamtragn.

Sommer:
Eh i di daat Bucklkraxn hoamtragn,
daat i di liaber in Stubnbodn ei'grabn.

Winter:
O mei' liaber Summer, iatz gib i dir 's Grecht:
bist du mei' Herr und i dei' Knecht!

Sommer:
Winter, iatz gib mir dei' Hand,
wolln ma geh' mitananda ins Winterland!

Beide:
Ja Herre, ja mei', all zwe' san ma fei'!
Iatz habn ma ünser Gspiel afgführt,
gwiß habts an tiafn Sinn drin gspürt.
Ja Herre, ja mei', all zwe' san ma fei'!

*

Die Schlosser- und Schmiedlehrbuben hatten die Gewohnheit, zur Fasnacht oder am Täufertag vor den Häusern ihrer Kunden einen sogenannten Jackel, der wie ein Schmied gekleidet war, mit einem Leintuch wechselweise in die Höhe zu werfen und wieder aufzufangen. Dabei sangen sie folgende Reime, die streckenweise an das Sommer- und Winterspiel erinnern:

Mir schutzn an Jackl in alle Höh,
daß eahm 's Weiß in' Augn vogeht.
Oa's zwoa drei.
Da Jackl, der hat a grouß' Paar Augn,
der taugt uns wohl zun Geld aafklaubn.
Oa's zwoa drei.
Da Jackl, der hat a große Nasn,
der taugt uns guat zun Fuir a'blasn.
Oa's, zwoa, drei.

Da Jackl is gar houh geborn,
hat weni Hirn und lange Ouhan.
Oa's zwoa drei.
Da Jackl machts wia de großn Herrn,
er hat de schöna Menscha gern.
Oa's zwoa drei.

Ein Äpfelreim:

Da Lenz, der salzt s',
da Barthl, der schmalzt s',
da Michi duat s' awa.

Erklärung: An Lorenzi (10. August) werden die Äpfel allmählich zeitig. An Bartholomäi (24. August) werden sie innen fettig und gläsern. An Micheli (29. September) werden sie geerntet.

Kirta:
Auweh, auweh, 's Kiadal is hi!
Hab i mi scho de längste Zeit
auf dees Kiadal gfreit!
Aba Baua, a guata Kirda
dauert bis an Irda.
Ko se aa no schicka –
bis an Micka.

Der Knecht:
An Knecht hätt i aa scho' an wenigng,
es waar ma weid nutzer, i häd koan'!

Übergeben heißt: Haus und Hof einem andern überlassen, unter der Bedingung, daß man von diesem lebenslänglich verpflegt wird:
Übagem,
nimma lem!
Vada, wenn ge-ist amal üwa?
Hast da denn no nit gnua ghaust?
Scher di amoi hintri i'dei' Stüwal,
nimm dar a poa Eräpfe aus!

Neigt sich das Jahr, sammelt der Hüter seinen Lohn ein,
geht von Haus zu Haus und spricht:

Kimmt da Hüata mit seina Begierd:
Er hat sei Jahr mit gsunde Freudn ausghüat.
Glück hinei und Glück hinaus!
Jatz is an Hüata sei Zeit aus.
26 Wocha san ma in Feld draußt gwen;
jatz kimmt da stürmisch Winta und treibt uns weg.
Da heili Martin is zo uns as Feld hikemma
und hat gsagt, mia soin ma vor da Zeit net Urlaub
                                      nehma...
Schenk ma an Bauan aa wos!
Schenk ma eahm a Mirtlasgart!
Steckts es hinta d' Tür,
zoigt's es a(uf)s Jahr mit Freudn hervür!
Gebts es 'n Hüata a d' Händ,
daß a enkane schön Küah und Koima wieda kennt!
D' Wiesn und d' Acka teats a net vozäun!
Wenn enk a Rindl eigang, tats dennast brav grein!
Vür d'Luckan hats ganga und koane machts zua:
Da hat da Hüata und d' Hüatrin koa Ruah.
D' Hüatrin is ausghupft üba oi Stöck und oi Stau'n:
Des is do a wahrigs Grau'n;
da Hüata is ganga üba Distln und Doan,
drum schenkts eahm a Schüssl voi Koan.
Da Hüata hat ghüat mit Gift und mit Zoan,
hat dennerst koa Kuah und krankn Stier net voloan.
Da Hüata hat ausgstandn Regn, Wind, Hitz und Kältn;
wenn ebbs feit, muaß 's da Hüata entgeltn.

Der strenge Winter kommt

Hein't is Katrei',
hat an iada de sei',
wer's net hat –
der mag s' net.

Kathrein stellt den Tanz ein.
Die Lust hat ein End,
Aus is' mit der Musi
und wann ma-r-aa flennt.

Da Rührbua, da Rährbua[10]
duat Ofascheit kliabm,
kimmt da Wastei mit da Geign[11]
duat ban Nachbarn Blaukraut schneidn.

Kinder, die an Allerseelen um einen „Seelenwecken" gehen, sagen den Spruch:

Gelobt sei Jesus Christas um a Spitzl.
Mei Vada is a Kitzl,
mei Muada is a Habasack,
gebts ma, was i trang mag,
gebts ma fei' net z'vil und z'weng,
daß i mei' Sackal net z'spreng!

---

[10] Rährbua = (der viel weint)
[11] Geign = Krauthobel

Beim Bitten um einen Allerseelenwecken gibt es auch einen anderen Vers:

Bitt sche um an Zelten;
Der Herr wirds enk vergelten,
koan schwarzn statt an weißen,
den kon i net derbeißen,
und gebts ma fei an langa
mit an kurzn duri net glanga.

In der Klöpfleinsnacht sagen die vermummten Klöpfler, die um Küachl bitten:

Holla holla, klopf o'!
D'Frau hat an schön' Ma'!
Geit ma d'Frau an Küache z'Loh',
daß i an Herrn globt ho'!
An Küache und an Zeltn,
da Peda werds vogeltn,
da Peda is a heiliga Ma',
der alle Ding vogeltn ka'.

Noch einige Klöpflsprüche:

Heit is Klepflsnacht,
wer hat's au'bracht?
Unsa's Herrn Thoma
rumpet ei' a d' Kamma,
laaft 's Stiagal auf und a,
bricht eahm a Fuaßl a.
Wer muaß's büaßn?
D' Frau mi'n Küachlspitz,
d'Magd mi'n Stückl Broud.
's Feia hört ma kracha,
Küache wer ma bacha,
d' Schüsse hört ma klinga,
Küache werd ma bringa,
Küache raus, Küache raus!
Oder i schlag a Loh ins Haus.

Klopf o, klopf o,
da Bauer is a brava Mo!
D'Bäurin muaß ma Küache gebm,
weil i an Bauan globt ho.
D'Schüssl hört ma klinga,
d'Kletzn hört ma springa,
d'Scheitl hört ma kracha,
d'Küache haan scho bacha!
Jo, Bäuerin, jo!
Kletzn mog i scho!

Hurrax dax
Packs bei da Hax
Holla holla
klopf i o
Was d'ma gibst, des nimm i o!

Fruchtbarkeitszauber eines Klöpflers:

An Bauern soi da Troad guat gratn
und Äpfi und Birn sois gebn net z'rar,
a Gros, ja gor net zun Dawatn
a Kloanigkeit aa alle Jahr.

Hergott, bschütz uns vor Teifl und Leit,
daß uns koa Räuba ins Haas einageit;
bschütz uns vor Sündn und Wetznan woi,
d'Nacht und am Tag und im Haas überoi.

Rauhnacht und Weihnacht

O wie schön ist der Erlöser,
der aus Liebe brennen tut(!);
alle Engel helfen preisen
und dazu das höchste Gut.

Ein Rauhnachtslied aus Perlesreut im Bayerischen Wald:

Frohlockets im Himmel,
frohlockts auf der Erd',
daß Gott bei uns Sünder
und Sünderinnen eikehrt!

's Kind liegt in da Krippn
auf Stroh und auf Heu
beim Ochs und beim Esel
im Winkl hiebei.

Danebn kann ma sehng
a schöne Jungfrau,
so schö wia r a Engl,
ma mags net gnua schau!

Zwoa Wangal wia r an Apfi,
zwoa Augn wia-r-a Kristall,
I hab d' Kaiserin scho gsehng,
hat ma net so wohl gfalln.

Im Winkal hiebei
is a kreuzbrava Ma,
hat d' Augn volla Wassa,
schaut 's Kindal sinnla a. –

Wart, wart du kloans Mandal,
i woaß was i tua,
i kauf da a Gwandal,
a Pfoadal dazua.

A damastas Häubal,
dei Nam' muaß drauf steh;
dei Muatta muaß selm sagn:
Des Häubal is schö!

A Stern tuat uns leuchtn,
a Schrift steht dabei:
Gloria in excelsis –
der Fried' mit euch sei!

Für ihren Gesang bekommen die Rauhnachtssänger Kücheln, Nudeln, sogenannte Rauhnachtswecken.

Ös meine liabn Nachbarn,
wos i Enk wöi sogn
und wos sich heint in dieser Nacht
hot neues zuatrogn!

Viel Engl hob i gsehng
vom Himmi obafoin;
Trompetn ham s' pfiffa
und Paukn ham s' gschlogn.

Da lieg i draußt af da Hoad
und hüat meine Schaf,
do war i nöt recht munta
und war nöt recht im Schlaf.

Oana is dabei gwen,
döa hat gar so groadli ta.
I moanat, der gang uns
in Himmi ei vora.

Etliche Wetterregeln

Ist der Jänner naß,
bleibet leer das Faß.

Ist Dreikönig hell und klar,
gibt's viel Wein in diesem Jahr.

Wenn am Liachtmeßtag d' Sunn af'n Houaltoa schei(n)t,
lengan d' Henna recht gern.

Wenns an Lichtmeß stürmt und schneit,
ist der Frühling nicht mehr weit.

Lichtmeß hell und klar
gibt ein gutes Roggenjahr.

Sonnt sich der Dachs in der Lichtmeßwoche,
geht auf vier Wochen er wieder zu Loche.

(Wenn's auf Mariä Lichtmeß nur so viel schneit,
daß man's auf einem schwarzen Ochsen sieht, so wird's
bald Sommer; ist es hell und klar, dann dauert der
Winter noch lang.)

Wie das Jahr in der Tageslänge voranschreitet:
Weihnachtn um an Mucknschritt,
Neijahr um an Hahnatritt,
Dreikönig um an Hirschensprung,
an Sebastio
um a ganze Stund
und an Liachtmessn
um zwo.

An Fabian und Sebastian
der Saft soll in die Bäume gahn.

Wenn im Hornung Mücken geigen,
müssen sie im Märzen schweigen.

Matheis
bricht's Eis;
hat er koans,
so macht er oans.

An Kunigund
kimmt d' Wärm von unt.

Ists am Josephitage klar,
so folget ein gar fruchtbar Jahr.

Sind die drei „azius" ohne Regen,
bringt das dem Winzer großen Segen.

O heiliger Veit! O regne nicht,
daß es uns nicht an Gerst gebricht!

Tritt auf Johanni Regen ein,
wird der Nußwachs nicht gedeih'n.

Vor Johannes bitt' um Regen;
hernach kommt er ungelegen.

Vor Johannistag
man keine Gerste loben mag.

Schreit der Gauch nach Sankt Johann,
kündet Mißwachs er uns an.

Sankt Laurenzi Sonnenschein,
kommt der Haber gut herein.

Auf Laurenzi ist es Brauch
hört das Holz zu wachsen auf.

Wie Bartholomäitag sich hält,
so ist der ganze Herbst bestellt.

Der Barchtlmann
hängt dem Hopf die Dolden an.
Ist ein schöner Barchtlmä,
schrein die Zupfer all „Juchhä!"

Ist der August am Anfang heiß,
wird der Winter lang und weiß.

Was der August nicht vermocht,
kein September mehr kocht.

Es muß am heiligen Gallen Tag,
ein jeder Apfel in sein' Sack.

Auf Simon und Judi
gengant d'Studentn a d'Studi.

Wenn auf Martini Nebel sind,
so wird der Winter meist gelind.

Sankt Martin kommt auf einem Schimmel geritten.

Wenn vor Martini die Gänse auf dem Eis stehen,
stehen sie nachher auf dem Kot.

An Martini Sonnenschein,
tritt ein kalter Winter ein.

Wenn die Gänse an Martini auf dem Eise steh'n
müssen sie um Weihnachten durch die Pfützen gehn.

Sankt Martin, Feuer in 'n Kamin!

Kathrein
stellt den Tanz ein.

Wia da Tag is zu Kathrei,
so wird da nächste Jänner sei.

Wie das Wetter um Kathrein,
wird der nächste Hornung sein.

Kathreiwinter – Plagwinter.

Auf Barbara
bindt d' Baamer a'.

An Klöpfleinsnächten Südwind weht,
viel Obst dann zu erwarten steht.

Sind grün am Christtag Feld und Wiesen,
wird sie zu Ostern Frost verschließen.

Heiligenverserl und Gebete

Von drei volkstümlichen weiblichen Heiligengestalten und ihren Attributen ist in einem berühmten Vierzeiler die Rede:

Barbara mitn Turm,
Margareth mitn Wurm,
Katharina mitn Radl,
dees haan dee drei heillinga Madl.

Seit dem Jahre 800 steht Moosburgs Stiftskirche unter dem Patronat des heiligen Castulus, des römischen Martyrers, dessen Gebeine hier ruhen:

Heiliger Sankt Castulus und unser liabe Frau!
Du wirst uns kenna, sind aus der Hallertau.
Sollten unser neune sein, und sind nur unser drei,
Sechse sind beim Schimmelstehln, Maria steh uns bei!

Zwölfileit'n,
Huat auf d' Seit'n,
Kreizal macha,
nimma lacha!

Du liaba Gott im Himmi drobn,
den wir zu alle Stunden loben,
schütz Schaf und Lampl auf der Weid,
schütz aa die armen Hirtenleut.

Bayerisches Nachtgebet aus Jetzendorf an der Ilm:

Gotts Nam, liabs Herrl,
Liabs Fraul, Heiliger Schutzengl,
tua mi hiatn Tag und Nacht,
früah und spot,
bis mei Lebn an End hot.
Legma uns nieda und schlaffa,
kemma sechs Engl und toan uns wacha,
zwoa z'kopfat, zwoa pfüaßat, zwoa nebnbei –
unser liaba Herrgott werd aa dabei sei.

In Gotts Nam!
Iatz leg i mi nieder
aufn Herrn und seine Glieder,
aufn Herrn und sei Fleisch und Bluat,
daß ma da bös Feind nix tuat.

Die Gefangennahme Jesu

Wias unsern Herrn Jesus ham gfanga gnumma,
Da san eahm de Jünga davo.
Den Peterl, den ham s' no am Mantel dawischt:
„Gell, Glatzkopf, jetz hamma di scho!"

Der Peterl, der hätt si glei sakrisch gwehrt,
Hätt glei sein' Saabl zogn,
Der hätt da mentische Hieb dreingführt,
Hätt s' einighaut glei über d'Ohrn.

Der Malchus, der Knecht stand daneben,
Der hätt si a bißl z'viel traut,
Dem hat er an Dusch übers Dach einigebn
Und hat eahm an Luser a'ghaut.

Da fing er gleich zu rotzen an
Und plärrt ganz überlaut:
„Herr, heil mir Du mein' Luser,
Der Lackl, der hat mir'n abghaut!"

Da nahm der Herr des Malchus Ohr
Und taats glei wieder kuriern.
Auf einmal springt da der Peterl herfür,
Fangt an zum Räsoniern:

„Ja Sackra, was hätt denn mei Zuahaun gnutzt?
Da waar i a scheena Schwanz!
Kaum hätt i so an Sakrament zammaputzt,
Na machat ma 'n der wieda ganz!"

Mitgeteilt 1976 von Hermann Randlkofer, Thalheim, der diese Moritat von seinem Münchner Urgroßvater Julius Franz Schulze nach eintöniger Melodie singen gehört hat. Dieser wiederum hat sie um 1870 von einem Geistlichen des Hollandäums in München gehört.

Mundartlich – charakteristisch sind die Schein–Konjunktive in der zweiten, dritten, fünften und sechsten Strophe.

Marianderl im Himmel

Marianderl, schens Dirnderl,
wo bist'n so lang gwen?
Drei Wochan an Himme!
Wos host'n Schens gsehng?
D'Muadagottes hot gspunna,
sechs Enge(l) hamman gsunga,
da heilige Josef rührt an Schmarrn um,
hab i gmoant, i mächt schlecka,
haut er mi glei aufi a d Bläcka[1],
daß i mi biazlt.
Foi i hintre auf d' Ofabank.
Geh-n-i zon Dokta, is neamads dahoam
wia de oid Fledamaus,
kihrt d' Stubn aus.
Hint an Dach obn sitzt da Rudewaunkerl,
frißt an Metzen Baunkerl,
reckt des Luada d' Hax auf d'Höh
und sagt: Iatz doama d'Baunkerl[2] weh!

(Das Metzen-Maß deutet auf ein hohes Alter dieser Verse)

---

[1] Bläcka = Mund
[2] Baunkerl = eine Art Fingernudeln, geschnittene und in der Pfanne gebratene Teigstränge

Orts- und Hofnamen

Beispiele aus dem Erdinger Holzland. Da alle Orts- und Hofnamenreime nach einem begrenzten Reimbestand abgefaßt sind, mögen diese Beispiele einen gültigen Eindruck vermitteln.

Üba 's Stiagal, sagt er, steig i net,
z' *Ropaskira*[1], sagt er, bleib i net,
Ropaskira, sagt er, is a Mißgeburt,
da gehn i glei wieda furt!

Ropaskira steht houh am Berg,
z' *Gigling* haan d'Weiba her,
Kemoding is a luschtigs Darf,
da haan d'Leit scharf.

Bei uns hoaßt ma 's *Hindlba(ch)*,
mir schlafan untan Schindlda(ch);
da wo d'Fensta haan zuapickt mit Loam,
da bin i dahoam.

D'Bierbecker
hamd zu de Hindlbecker gsagt:
D'Hindlbecker
ham Dreck am Stecka!
Da ham d'Hindlbecker
zu dee Bierbecker gsagt:
Z'Unterbierbach, z'Oberbierbach und z' *Endham*
da rinnt da Dreck zamm.

---

[1] Ropaskira = Rappoltskirchen

Ähnlich lautmalerisch ist ein Innviertler Derbleck-Vers:
Eggerding is Eggerding
und Lambrechtn is a Dreck dageng!

Querüber d'Wiesna, quer über d'Roa!
Was wern denn de noutign Kemodinga doa?
Sie hupfa und springa in d' Wirtshäusa nei!
An Maigner sei Hupfata muaß aa dabei sei.
(Erdinger Kreisarchiv)

Frau(n)berg sehgt ma kaam
vo lauter Erlabaam!
Schad, daß' koa Pflasta hot,
sunst waars a Stodt!

Die Innviertler Fassung lautet:

Ranshofen siagt ma kaam
vor lauter Äpfibaam.
Is schad, daß' koa Pflaster hot,
sunst waars a Stodt!

Hofnamen-Scherzreime

1. Großhindlbach
Da Numa (Neumayer) is da Dumma
Da Felba is da Gelba
Da Druia mitn Schnuia
Da Weindl mitn Heindl[2]

---

[2] Heindl = kleine Haue

(Da Weindl reit' am Bräundl)
Da Humpna is a Hadalumpa
Da Buihuaba traut si garnet zuawa
Da Ertl hots Loch voi Mörtl
(Da Broutmo is da houh Mo!)
Da Weber is da gröber
Da Egger is da Kittlschmecka
Da Heß hot d'Goaß a da Mäst
Da Gerat mitn Gscherat!

2. Kleinhindlbach
Da Moaster is da Foasta,
Da Brummer is da Dummer,
Da Gschlößl reit sei Rößl,
Da Routhansl treibts Gansl.

3. Helling
Da Sixt steht houh am Berg
Da Berghauns is a stolzer Herr
Da Dunkl hat Knöpf an Säu (Sail)
Bein Louh ist d'Hüttn fäui (faul)
Da Bachlmo schreit Mördio
Da Etzmo is bettlarm
Und da Webermiche is ganz verdarbn!

4. Oberbierbach

Da Wimmer, der hot schwarze Strümpf
Da Schwouger ko 's net leidn
Da Maier, der hot Knöpf an Säu[3]
An Schneider, den is d' Hüttn fäui[4]
Beim Blattn, do hams d' Kuah vokaft
Da Winkla, der is z' nist und z' raft
Da Göbl, der rewoiat[5]
Der Reiser scheißt in Koia[6]
Da Loidl schreit, daß 's Gott erbarm
Da Machl is scho ganz vodarm.

[3] Säu = Sail
[4] fäui = faul
[5] rewoiat = rebelliert
[6] Koia = Keller

Tierreime

Wenn da Fuchs d'Henna fangt,
is der Gspoaß gar,
kriagn ma koan Semmeschmarrn
und koa routs Oa.

Kickeriki,
den Gickerl friß i,
und was i net mag,
dees schiab i in' Sack.

A Fischer und a Ferg,
a Büttl und a Scherg,
a Ziegn und a Goaß,
a Wind und a Schoaß,
an Ochs und a Rind,
dee haan alle Gschwisterkind.

Schwalbenlied:

Feat[1], wia ma furt haan, warn alle Kistn und Kaastn voi.
Heia, wia ma kemma haan, find ma ois laar.
Habts alls votischlt und votaschlt!

D'Bäurin had d'Katz valoun,
woaß net wou s' is.
D' Katz is an Kammerl drin,
paßt auf a Maus.

---

[1] feat. = voriges Jahr

Katzfangen. Im Kreis laufen. Dasjenige, auf welches im Umzählen das letzte Wort trifft, muß die Katze sein, das heißt, die andern fangen.

Edlma', Bedlma', a Burger, a Baur,
a Wirtin, a Graafin, a herrische Sau.

Ein Heppal ist eine junge Geiß.
Heppal gme gme
und a Schüssl voll Klee
und a Schüssl voi Wanzn,
mechts Heppal ge(n) tanzn.

Schneck, Schneck zeig mir deine Ohren!
I gib dir a Fuada Waizas (!) Korn,
Is Waizas Korn no net gnua,
A süaßö Milli aa dazua!

Schneck, Schneck, spitz deine Ohrn,
Gib da guate Weizenkorn (!)
Strümpf und Schuah aa dazua;
Is denn dös no net gnua?

Juchhe, unter da Stiagn
halten d'Bettelleit Houzat:
Geigt d'Maus, danzt d'Laus,
hupft da Floh zum Fenster naus.

Rätsel vom Hahn:

Vorn wiara Kamm,
in da Mitt wiara Schwamm,
hint wiara Sichl –
iatz rat, liaba Michl.

Zwei Gstanzl von Tieren:

Bretterwagntoni, Sunnawendgretl,
mia hamm an Koda, der hat an Schädl!
Ho' eahm an Schädl a d'Milli ei'dauht,
der Koda, der hat gschaut!

Ganz is' aus! Ganz is' aus!
D'Katz is bein Rau'hfang aus!
Hot eahm an Schwoaf vabrennt –
dee Katz is grennt!

Lieder und Albumverse

Einige Beispiele für viele:

Wann i a Musi her,
kenn i koa Traua mehr,
zon Tanzn treibts mi hi,
weil i gern lusti bi!

's Dirndl, dees draht si gern,
müad kunnts hoit gar nia wern;
is ihr ums Herz so guat,
wann's mit mir tanzn tuat.

Sche' gschlingi rund an Kroas,
da wird ma so senghoaß;
daß i net brinnad wir,
da is da Trunk dafir!

Das Häuserl am Roa'

I hob a kloas Häuserl am Roa,
dees Häuserl is grouß und net kloa.
Awa all meine Zimma,
dee gfallnt ma hoit nimma,
weil i bi in den Häuserl alloa!

Am Roa vo mein Häuserl is a Stoa,
drauf sitz i, schneid allawei Spoa.
Die Aussicht is prächti,
da sehgt ma weitmächti,
doch gfreit mi des Schau net – alloa!

A Dirn hot da Wirt vo da Gmoa,
dee waar für mi recht, haw i gmoant.
In vurign Summa,
da haw i ma 's gnumma,
seitdem bin i nimma alloa!

Awa Kinda hawi scho zwoa!
Jatz dees is a Hetz und a Gschroa!
In Arm muaß i 's nehma,
muaß' Häuserl ausrenna,
ja, i wollt, i waar wieda alloa!

Es wui 's awa nimma recht doa.
Mei Häuserl, dees werd ma scho z'kloa.
D'Ruah is bein Teifi,
da gibts gor koan Zweifi!
Ja, i wollt, i waar wieda-r-alloa!

Der oide Schmied

I kenn an oidn Schmied, der tuat mit jeden mit,
der suzelt mit Pläsier, im Tog drei Eimer Bier.
Und wann er nimmer ko, so fangt er 's wackln o,
zletzt fallt er no wo nei, dann schlaft er gwöhnli ei.

Znachst war er wieder voll, da sagt der Bräuer Knoll,
an oider schlauer Fuchs: „Heit mach ma uns an Jux!"
Und drei fidele Gselln, dö lassen 's nöt lang fehln,
und nehman unsern Schmied, ins Seitenstübi mit.

Dort ziagns den arma Mo, a Klousterkuttn o,
und schern eahm seine Haar, wias dort gebräuchli war,

drauf tragn 'n eahna vier, ins Kloster zum Portier,
dort läutn's tüchtig o, der schreit: ,,Was gibts denn no?"

Do sagn s': ,,A Klosterherr, der macht uns so viel Gscher!
Da draußen is a glegn, mir ham 'n grad no gsegn;
wird da net Mittel gmacht, so stirbt er no heunt Nacht,
da braucht ma net lang fragn, er ko scho nix mehr sagn!"

Drauf sagn de Klosterherrn: ,,Jawoi, vo Herzn gern",
und tragn 'n gschwindi nei, und bodn ihn fest im Wei',
dann wird er tüchti gschmiert, am ganzn Leib frottiert,
doch alle Plag und Kunst, is dösmal umasunst.

Na lassn sie an Schmied, mit ihra Kunst in Fried,
der schlaft dö ganze Nacht, und wia-r-a auf is gwacht,
so macht er grouße Augn, er muaß no grad so schaugn,
a Kuttn o und gschert, is den die Welt vokehrt?

Drauf kimmt im größten Staat, Schlag sechs Uhr der Prälat,
der fragtn wia 's eahm geht, und wias Befinden steht,
und ob er in der Still, um siebn Uhr lesen will?
Da Schmied schaut wiara Narr, und greift nach seine Haar.

Jetzt fangt er o zum Klogn: ,,Hochwürden woll S' ma's song,
i kriag ja sunst koan Fried, bin i denn net da Schmied?"
Drauf sogt da Herr Prior: ,,Wia kemma S' ma denn vor?
Sie san a Klosterherr, is nur der Kopf no schwer."

Drauf wird da Schmied konfus und schreit zletzt voll Ver-
druß:
„I bin da Schmied vo hier, war gestern no beim Bier!"
Drauf sagn de Klousterherrn: „Herr Pater spaßn gern!
Sie ghörn zur Klerisei, zur bayrischen Abtei!"

„Jatz wissen S'" sagt da Schmied, „da kriag i glei an
Fried:
Jatz schicken S' gschwindi hi, und lassn S' fragn um mi.
Hat d'Schmiedin ihran Mo, ja dann is' freili so.
Doch jammert sie um ihn, dann woaß i, wer i bin."

Drauf ham de Herrn hoit glei zum Dorfschmied seinen
Wei
an Frater Martin gschickt; dee hot grad Hosn gflickt.
Der fragt sie tüchtig aus, wia 's stäht im ganzn Haus,
z'letzt fangt er aa no o', und fragt s' nach ihran Mo'.

Drauf sagt sie hoibert laut: „I bin an arme Haut!
Mei liadalicha Mo' sauft gern sich Räuscherl o!
Heit kimmt a garnet zhaus, i wollt er bleibat aus,
dann kriagat i an Fried und bald an andern Schmied."

Der Frater hört dees Wort, er rennt wia narrisch fort,
vozählt dee Herrn gar alls, dee schrein aus vollem Hals:
„Der Schmied, der hot a Wei'! Ghört net zur Klerisei!
Der saufat uns, o Graus, den ganzen Keller aus!"

Der Gimpel

I hab an Gimpel in an Häuserl
der is so traurig und so staad,
der is verliabt halt in a Zeiserl
und des, des macht 'n ganz verdraht.
Des Zeiserl sagt „Fahr ab du Gimpel,
i mag koan mit an solchan Gfries",
und des, des bricht as Herz dem Gimpel,
no ja, weil 's halt a Gimpel is.

A drei vier Wocha san verganga
de Brust und 's Herzerl san ganz wund,
vor lauter Sehnsucht und Verlanga
geht schließlich na der Gimpel z'Grund.
As Zeiserl hat 'n umbracht quasi,
doch schreit 's, daß man 's von weitem hört,
und er, der Gimpel, stirbt ganz dasi,
damit er's Zeiserl ja net stört.

In an Honigtegerl
sitzt a Frauakäferl,
i ziag's aussa und schleck' s a.
Doch vor dera Jausn
duat ma heit no grausn,
's war koa Frauakäferl,
's war a Schwab!

I moa', i muaß mi henka,
sagt de alde Schwiga[1].
Se, da hast an Strick,
henk di auf damit,
sagt de Jung glei wieda.

Ausn Böhmawald
geht da Wind so kalt,
gengant d' Menscha bald,
wean eah d' Duttln kalt.

[1] Schwiga = Schwiegermutter

Albumverse
*(Albumverse werden in der Regel – der Name sagts –
schriftsprachlich geschrieben)*

Rosen, Tulpen, Nelken
Alle Blumen welken,
nur die eine nicht,
und die heißt Vergißmeinnicht.

Wenn einst nach vielen Jahren
mein Name wird genannt,
so denke dir und sage:
Die hab ich auch gekannt.

Ich liebe dich so fest,
wie der Baum seine Äst
und willst du mich vergessen,
soll dich gleich der Gangerl fressen!

Wenn ich einst gestorben bin,
so geh zu meinem Grabe hin
und leg auf meine kalte Brust
eine warme Leberwurst.

Wenn du meinst, ich lieb dich nicht
und treib mit dir nur Scherz,
so zünde eine Lampe an
und leuchte mir ins Herz.

Moritat vom singadn Hansl

Diese Moritat ist ein Beispiel für viele andere aus dem augenblicklichen Anlaß entstandene und wieder vergessene Moritaten, die im altbayerischen Land umliefen. Sie schildert eine Mordtat (Moritat), die am Stefanitag 1863 beim Albrechtbauer in Windischhub, Post Pramet, Bezirk Ried im Innkreis begangen wurde. Der Verfasser dürfte ein um die Jahrhundertwende noch unter dem Namen ‚Da singert Hansl' bekannter Bauernknecht sein, der seine Reime gegen Bezahlung einiger Krüge Bier, nach einer sehr monotonen Melodie vortrug. Den Takt schlug er dazu mit Ellenbogen und Faust auf die Tischplatte. Das war die einzige musikalische Begleitung. Und am Schluß gab es eine handfeste Moral, mit der man etwas anfangen konnte. Der Mundartdichter Hans Schatzdorfer aus Groß-Piesenham – gestorben 1969 –, der dem Verfasser die Niederschrift dieser Moritat zur Verfügung stellte, vermutet, daß der Originaltext durch das öftere Abschreiben nach dem Gehörten und aus der Erinnerung schon schwer verunstaltet wurde.

Goar a traurige G'schicht
hat's dös nachst amoi göbn.
Und dö will i Enk iatzt
durch dö Taanz gen auslögn.

A junga Bauer, der hat
an oidn Austragler g'habt.
Und dös is sei' Stöfvada,
wia ma allgemein sagt.

So oft da Alt kemma is –
a so toan dö Leit sagn –,
er hat damit gstrittn und
diamoin hat er 'n brav gschlagn.

Und so geht halt da Alte
a drei Jahr nimma hin, –
und den Junga den kimmts
ja nöt aus 'n Sinn. – –

Denn er hat a ganz' Jahr scha'
a' den Ding da gstudiert,
wia-r-er den Oitn
ums Löbn bringa wird.

Iatzt kemman hoit dö heilinga
Weihnachtn an. –
Und er hat scha' gstudiert,
wia-r-an umbringa kann.

An Stefanitag, da is
da Oite kemma.
Und da Junge, der duat a
freindligs Gsicht annehma.

Den Oitn hats gfreit dös,
daß 's heint so guat geht,
denn er hat koan Gedanga,
wos eahm bevur steht.

Und aft sagt er zo den Oitn:
schau meine Sau an. –

Und a so dakt[1] er 'n eini,
und da Oit geht voran. –

Und dawei hat da Bauer
a Trumm a' da Händ.
Er schlagt 'n glei nieder,
daß er si nimma auskennt.

Danah nimmt er d' Hacka –
muaß ma trauri aussagn.
Er hat eahm mit 'n Haus[2]
den ganzn Kopf vonand gschlagn.

Und aft hat er 'n a' da Strah
hint a bißl vostöckt.
Und aft hat er eahm denkt:
dawei bist' lang guat afghöbt.

Aba hoaß is' an Bauern worn,
wia 'n dö Bäurin hat gfroat.
Und aft hat er s' recht angfahrn.
Mir is lötz[3], hat a gsoat.

Da Oite, sagt d' Bäurin,
is ahne Pfüagod davan.
Da Bauer duat an Breamla:
Was gehts di denn an?

Er lögt si gschwind an iatz –
oh mei' liaba Bua –

[1] dakt = stößt, schiebt
[2] Haus = hinteres Ende der Hacke, in der der Stiel steckt
[3] lötz = übel

nimmt zwoa Kinder mit eahm
und geht an Wirt z' Gelling zua.

Wia-r-er hoamkemma is, hat er
den Oitn gnumma.
und er tragt eahm aa zerscht nu
an Roßstall uma.

Und aft ziagt er 'n ganz nackat aus.
Oh mei' liaba Bua!
Aft grabt er in Roßstand
a tiafmaachtige Gruah.

Und daß er a' da Gruah drinnat
leichta Platz hat,
hat er eahm zerscht amoi
d' Füaß nu abghackt.

Und so grabt er-an Körper ei'
und d' Füaß legt er draf.
Er voschert 'n und votrett 'n
stöllt d' Roß wieda draf.

Und aft hat er in Ofn
a graoß's Feuer ankennt,
und da hat er sei' Gwand
z'sammt dö Stiefö vobrennt.

Iatzt steht's a poar Wochan an.
Da Oite gäht a(b) –
Weils 'n sünst nienats findn,
schauns bon jung' Bauern na.

Dö Roß hammt nimma gfrössn.
Und gschaut hams ganz gschröckt,
denn sö habn ja den Toutn
untern Füaßn scha' gschmeckt.

Und a so wird dö Gschicht
bon Gricht afmari[4] gmacht.
Und da Bauer hat aa scha'
sei' Gwissn botracht.

Koan sölchernen Mörder
wird 's ja seltn nöt gschenkt.
Drum hats bei eahm ghoaßn,
daß er wird ge' afghängt.

Seine unschuldign Kinda,
dö hand ja nöt z' neidn,
denn eahn kann ja sei' Löbta
der Schipfnam nu bleibn.

Da nehmts Enk a Beispui,
wia weit 's da Mensch bringt,
wann er a ganz Jahr in koa' Kira
und zo koan Gebet kimmt.

Und drum schadt koa' Vaterunser
af d' Nacht und a' da Früah.
Nachat kimmt Enk koa sölchana
Gedanga hoit nia! –

[4] afmari = anhängig

Das Innviertel
im altbayerischen Volksreim

Das Innviertel, diese frühest besiedelte bajuwarische Kernlandschaft zwischen zwei Bischofsländern (Passau im Norden und Salzburg in Süden – die südliche Grenze liegt auf halbem Wege zwischen Tittmoning und Laufen), zwischen dem Inn, beziehungsweise der Salzach im Westen und dem Hausruck, beziehungsweise dem Kobernausser Wald im Osten, ist besonders reich an mündlich überliefertem sprachlichen Volksgut. Vieles davon ist noch nie niedergeschrieben worden, das meiste ist Wort zur Weise, der Nachwelt erhalten von Heinrich Simböck und weiter gesungen von seinen Töchtern.

Die Innviertler Roas

In diesem alten Text werden sämtliche Ortsnamen des Innviertels genannt (ein Vergleich mit den Hofnamen-Reimen drängt sich auf). In der hier mitgeteilten, etwas gekürzten, Fassung kommen – in schriftsprachlicher Schreibung – folgende Ortsnamen vor: Eggelsberg, Gilgenberg, Handenberg, Geretsberg, Oberding, Unterding, St. Georgen, Ostermiething, Tarsdorf, St. Radegund, Wildshut, St. Pantaleon, Haigermoos, Lauterbach, Altheim, Stern, Neukirchen, Schwand, Pischelsdorf, Hart, Hochburg, Ranshofen, Braunau, Mining, Geinberg, Neuhaus, Polling, Kirchheim, Mehrnbach, Ried, Roßbach, Waldzell, Lohnsburg, Weifendorf, Mettmach, Aspach, Höhnhart, Seiger Hans (St. Johann), Gersberg,

Frauschau-Eck, Friedburg, Lengau, Mattighofen. – Die Singweise ist eintönig, ist eher ein rascher rhythmischer Sprechgesang.

Egglsberi, Dilliberi,
Handnberi, Geretsberi,
Oberding und Unterding,
St. Diering, Ostermiering,
Tarschdorf und Radiga,
Wildshuat und Pantiga,
Hoagermoos und Lauterba',
mir bleima moring aa nu da.
Z'Altham drunt und an Stern,
da ham s' uns aa recht gern,
überall san mir bekannt,
z'Neukira und a da Schwand,
uns kennans weit und broat,
z'Pischdorf und an Hoat.
Aba z' Pischdarf und an Hoat
hams koa Mehl und koa Troad,
aba Erdäpfel gnua,
weils an Sam' stehln dazua!
Houhburg ghört ja aa dazua,
vo Ranshofen san mia Buam,
z' Braunau und z' Mining drunt,
bal i 's nur nenna kunnt!
Geinberg steht ja auf da Höh,
Neuhaus, dees wißt ma-r-eh,
z' Polling und z' Kirichham,
da kemman glei hibsch oa zsamm.
Vo da gehnma an Kraxenberg,

vo den habts ja gwiß scho ghört,
z' Mehrnbach und an Riader Gricht,
da hamma 's ausdicht.
Jetz geh ma nu auf Roßba(ch),
d' Spuileut, dö san eh scho da;
's Bier toanma as Roua *(Rohr)* ei:
kreuz-lusti muaß's sei!
Jetz gehn ma nu auf Waldzell,
auf Lohnsberi aa recht schnell,
umi auf Weiffmdorf,
weil i halt heifi woaß,
Mettmach steht ja drunt im Tal,
Aspach freit mi allemal,
z' Hehnat und z' Seiger Hans,
o du Höll-Teifischwanz!
Vo Gersberg, wo si d' Straßn reibt,
is' auf Frauschau-Eck net weit.
Dann gehn ma übern Wald,
an Schneegattern is' saukalt.
Z' Friedburg und z' Lengau draußt,
da hör ma do bald auf.
Jetzt gehn ma nu auf Mattighofen ei,
kreuz-lusti muaß's sei!

Das Fruahjahr
Treffend und poetisch werden hier die Verwirrungen geschildert, die das Frühjahr in der Seele junger Menschen stiftet.

An Fruahjahr, wann de Baam ausschlagn,
da Kerschbaam weiß blüaht,

gehngan d'Mentscha üba d'Wiesn,
lassn 's Gras net wachsn,
gehngan d'Mentscha üba d'Wiesn,
und an Stauanan zua.
Was 's eppan da z'suacha ham?
Ja mei, liaba Bua.

Mei Schädl fangt zum Sausn a,
weil i lauta Stroh drinn ha,
d'Mäus, die san eh scho drinn,
weil mia a Katz eikimmt,
jetz is ma da Vastand dava,
was fang i jetz gent a?
jetz han i gar koa Hirn –
i brauch koans mehr kriagn,
es kinnan die junga Taubn
ja aa net glei fliagn.

Zwei klassische Innviertler Gstanzl

D' Landla[1], dee Bandla,
dee Nudldrucker!
Wann d'Innviertler kemmand,
müassn s' umirucka!

Von Innviertl samma z'haus.
Mir lassn gar net aus.
Strick und Straang brechan net –
Aus lass ma net!

---

[1] Landla = die aus dem „Landl", hinter dem Hausruck Stammenden

Die Rottaler Hochzeit

Pfarrkirchener Volksgut. Bei einem alten Bauern in Malching gehört und nachgesungen von Heinrich Simböck

Spuileut, he rührts enk do,
daß ma-r-aa tanzn ko,
machts es nur gschwind, nur gschwind,
frisch wia da Wind!
Urschl, jetz streck di aus,
reck deine Stampferl aus,
heb di fest ei, fest ei,
sunst fallst ma nei!

Houhzeiterin, da geh her!
Kennst mi denn nimmamehr?
Tanz ma da in da Mitt,
halt nur schee Schritt.
Heit derfst di allwei rührn,
heit derfst no alls probiern –
Heididldumheididldum –
schau wiast fliagst um!

Kupferschmied, alta Lump,
i schlag di heit no krump,
i treib da 's Speanzeln aus,
i schmeiß di naus!
Schau, wia-r-a umischleicht,
an Madlan 's Kodal streicht!
Kunntst ja glei dappi wern,
so ham s' n gern!

Jung is hoit allwei jung,
heit kriagt mei Seel an Sprung,
Speanzeln und Schmaatzerl gebn,
des is a Lebn!
Du mitn Baß, rühr di do!
Mach koa so Nasn ro,
laßts an „Morelli" hörn,
den tanz i gern!

Jessas, des Weberviech
arwat aufs Raffn hi!
Heit kriagts ös enkaan Tei(l),
heit san 's uns fei(l)!
Sehgst, den Kloan' beitln s' scho
dortn am Ofa dro!
Hat jetz a Dachtl kriagt,
daß a grad fliagt.

Jetz kimmt da Standari rei,
druckt unters Gwürgat nei:
„Wollts ausanandageh,
ös Sakrame –!" –
So, dees waar aa vorbei.
Dirndal, geh bleib ma trei!
Möchst ja glei tappi wern.
I hab di gern!

Lieserl, wann i di seh,
hupft ma mei' Herz in d' Höh!
Drallerl, mei Herz-Zibebn,
du bist mei Lebn!
Kellnerin, da geh rei,
schenk uns a Maß no ei!
Herrschaft, dees Bier macht Foam!
No gehma net hoam!

Der Bauer schickt den Jockl aus

Dieser uralte Volksreim will uns sagen daß alle Arbeit nur geschieht, wenn man sie selber tut, eine Ansicht, die schon in der römischen Fabel „Die Wachtel" von Phaedrus mitgeteilt wird. Schriftsprachliche Anklänge sind für einen solchen Volksreim „mit Moral", (das lehren Vergleiche mit anderen, ähnlichen Reimen) offenbar charakteristisch. Die Umkehrung des Geschehens am Schluß der Erzählung ist nur in dem höheren Sinn einer „Moral von der Gschicht" begreiflich.

Der Bauer schickt den Jockl aus,
er soillt an Howan maah'.
Der Jockl maaht an Howan net
und kummt auch net nachhaus.

Iatz schickt der Bauer an Pudl aus,
er sollt an Jockl beißn.
Der Pudl beißt an Jockl net,
der Jockl maaht an Howan net
und kummt auch net nachhaus.

Iatz schickt der Bauer an Prügl aus,
er sollt an Pudl prügeln.
Der Prügl prüglt an Pudl net, der Pudl beißt an Jockl net,
der Jockl maaht an Howan net
und kummt auch net nachhaus.

Iatz schickt der Bauer 's Feier aus,
es sollt an Prügl brenna.
As Feier brennt an Prügl net, der Prügl prügelt an Pudl net,
der Pudl beißt an Jockl net, der Jockl maaht an Howan net
und kummt auch net nachhaus.

Iatz schickt der Bauer 's Wassa aus,
es sollt as Feier löschn.
As Wassa löscht as Feier net, as Feier brennt an Prügl net,
der Prügl prügelt an Pudl net, der Pudl beißt an Jockl net,
der Jockl maaht an Howan net
und kummt auch net nachhaus.

Iatz schickt der Bauer an Ochsn aus,
er sollt as Wassa saufn.
Der Ochs, der sauft as Wassa net,
as Wassa löscht as Feier net,
as Feier brennt an Prügl net, der Prügl prügelt an Pudl net,
der Pudl beißt an Jockl net, der Jockl maaht an Howan net
und kummt auch net nachhaus.

Iatz schickt der Bauer an Metzga aus,
er soll den Ochsn stecha.
Der Metzga sticht den Ochsn net,
der Ochs, der sauft as Wassa net,
as Wassa löscht as Feier net, as Feier brennt an Prügl net,
der Prügl prügelt an Pudl net, der Pudl beißt an Jockl net,
der Jockl maaht an Howan net
und kummt auch net nachhaus.

Iatz schickt der Bauer an Henka aus,
er sollt an Metzga henka.
Der Henker henkt an Metzga net,
da Metzga sticht an Ochsn net,
der Ochs, der sauft as Wassa net,
as Wasser löscht as Feier net,
as Feier brennt an Prügl net, der Prügl prüglt an Pudl net,
der Pudl beißt an Jockl net, der Jockl maaht an Howan net
und kummt auch net nachhaus.

Iatz schickt der Bauer an Teifi aus,
er sollt an Henker holn.
Der Teifi holt an Henker net,
der Henker henkt an Metzga net,
der Metzger sticht an Ochsn net,
der Ochs, der sauft as Wassa net,
as Wassa löscht as Feier net, as Feier brennt an Prügl net,
der Prügl prüglt an Pudl net, da Pudl beißt an Jockl net,
der Jockl maaht an Howan net
und kummt auch net nachhaus.

Iatz geht der Bauer selber aus –
iatz hoilt der Teifi an Henker,
der Henker henkt an Metzger,
der Metzger sticht an Ochsn, der Ochs, der sauft as Wassa,
's Wassa löscht 's Feier, 's Feier brennt an Prügl,
der Prügl prüglt an Pudl, der Pudl beißt an Jockl,
der Jockl maaht an Howan
und iatz kemmans allsamt mitnand nachhaus!

Eine Abwandlung aus dem Binatal, die sicher genau so alt ist:

Da Gooaßbock marschiert an Himme auf und a(b),
schneidt eahm (sich) a Sticki Braatl a(b).
Wo is's Braatl? D'Katz hots gfressn.
Wo is d'Katz? Da Hund hats dabissn.
Wo is da Hund? Da Prügl hotn daschlogn.
Wo is da Prügl? 's Feua hatn vobrennt.
Wo is's Feua? 's Wossa hats glöscht.
Wo is's Wossa? Da Ochs hats gschlurft.
Wo is da Ochs? Da Metzger hatn daschlagn.
Wo is da Metzga? An Friedhof begrabn.

Einiges vom Teufel

Znachst hamaran Teifi gfangt,
ham an in Wogn eigspannt,
ham eahm an Stutzn brennt,
Bua, der Teifl is grennt.

Heit in drei Wocha,
werd da Teifi derstocha.
Wer a Teififleisch mog,
der ko kemma dee Tag.

Is an alts Wei gwen,
krank wordn,
gstorbn,
in d'Höll kemma.
Wieda aussakemma.
Wann d'Leit fragn:
,,Zwegn der Hitz!"

Spruch im Beinkammerl:
Das ist das Beste auf der Welt,
daß der Teufel nimmt kein Geld,
sonst müßt so mancher arme Gsell
für einen Reichen in die Höll.

Ein paar ganz Saftige

Du Gscheckerte, du Bleckerte,
du Bachstelzlarsch,
du Greaner, du Blauer,
du leckst mi am Arsch.

Da Leckmiamarsch hat's Göld vospöit,
da Scheißasbett hat's gwunga;
da Bibbalmo' hat aa mitto',
hat aa-r-an Kreuzer gwunga.

Unsa oide Stiefemuada
is a rechtes Schindaluada;
sie schreit an jedn o:
Du hast ma's aa scho to,
und um an Fünfazeddl kriagst as no.

Wann oana an stoinign Acker hat
und dazua an gstumpfatn Pflua
und wann aa no sei Dirndl a Jumpfa[1] wird,
so hat a z' jamman grad gnua.

Es laßt si net loacha[2]
wer vöi trinkt , muaß vöi soacha.

Is a Böhm über d'Grenz kemma,
schaut a Goaßbock bein Fenstar aussa,
sagt da Böhm: Aha, anders Land, anders Leit.

---

[1] Jumpfa – hypokoristisch: Hure
[2] loacha = laugna, leugnen

Alles Irdische ist vergänglich

Vor Zeitn war a gupfata Huat
und um an Hois a Kragn
a Zoacha von an maachting Guat;
iatz ko ma koan dafragn.

's Bettlmandl hat 's Bettlweibi bucklt,[1]
dann haan s' über d'Leitn awi kuglt,
dann ham s' banganiert[2], banganiert
und dann haan s' marschiert.

[1] bucklt, gesprochen „buglt" = Bucklkraxen, also auf dem Rücken getragen
[2] banganiert = „bankettiert", gespeist

Rare Gstanzl

Viele Volksreime haben überlieferte Melodien, eigene, eintönige, wie das Spottverserl: „Waast net auffigstiegn..."
Auch die Schoßreiterreime besitzen eigene Melodien, wie der bekannte Vers „Hoppa hoppa Reita". Auch die Tanzreime wie „Ringl ringl Reiha" werden auf bestimmte, festgelegte, einfache Melodien gesungen, die stark rhythmisch vorgetragen werden.
Der berühmteste Volksreim mit festgelegter Melodie ist zweifellos das sogenannte Schnaderhüpfl, in dessen Bezeichnung zum Ausdruck kommt, daß es ein gesungener Tanz ist, eben ein „Hüpfl", zu dem ge„schnadert" wird. In Niederbayern kennt man diese Bezeichnung nicht, dort heißt diese Art Volksreim „Gsangl" – wie in der Landshuter Gegend – oder „Gstanzl".
Das läßt sich zurückführen auf die italienische stanza und die lateinische stantia (von stare – stehen), was soviel wie Zimmer und Stube, aber auch einen Aufenthalt im weiteren Sinn bedeutet, nämlich den Haltepunkt in einem Gedicht, einen Reimsatz, ein „Gesätz", eine Strophe. Auch die Bezeichnung Stanize für ein Kosackendorf (russisch: staniza), abgeleitet von stan (Standort, Aufenthalt), hängt unmittelbar mit dem altbayerischen Gstanzl zusammen.

Eine weitere Bezeichnung für diese Art von Volksreimen ist „Danzl", weil sie – wie der Name „Schnadahüpfl" auch sagt – in vielen Gegenden als Kehrreim beim Tanzen gesungen werden oder wurden. Der Verwendungszweck ist allerdings vielseitiger: Gstanzl werden vorgetragen beim Holzsammeln, im Zusammenhang mit dem Wasservogelbrauchtum, als Trutz- und Spottverse oder im Fasching. Die Melodie wechselt regional. Die typisch oberbayerische Melodie („Da obn aufn Bergerl, da steht a...") paßt so recht zu dem romantischen Bilderbuchbayern des Grafen Pocci und Karl Stielers. Die Niederbayern, deren Volkstum erst verhältnismäßig spät entdeckt wurde – die niederbayerische Volkstumslandkarte war ja bis vor wenigen Jahren ein großer weißer Fleck – haben im Grunde zwei Gstanzlmelodien, die einst vom Roider Jackl gepflegte einmal, die für das niederbayerische Hügelland von Landshut abwärts kennzeichnend ist, und dann die innviertlerische, die am Unterlauf des Inns gebräuchlich ist und meisterhaft von den Geschwistern Simböck vertreten wurde.

Allen Gstanzln gemeinsam ist, daß sie einen gspaßigen Vorfall knapp und treffend in einer vorgegebenen Form ausdrücken, immer witzig und zum Lachen reizend. Da sie ursprünglich meistens aus dem Stegreif entstanden sind, wird der Reim frei gehandhabt. Häufig reimen sich der 2. und der 4. Vers, weil dieses Schema die Pointierung fördert. Gstanzl entstehen wie gesagt meistens aus dem Stegreif oder werden von berufsmäßigen Gstanzlsängern verfaßt – der Roider Jackl war so einer. Seit Urgroßvaterszeiten ist es jeder Hochzeitlader oder „Progader," wie er altbayerisch richtig heißt. Von dem, was da aus dem augenblicklichen Anlaß heraus entsteht, bleibt nur ein Bruchteil erhalten. Das meiste verweht und wird vergessen. Nur das Beste bleibt bekannt. So wächst ein fester Bestand von Gstanzln. Dieser Bestand vermehrt sich sehr langsam, in jüngster Zeit fast überhaupt nicht mehr. Um so wichtiger wird der Rückgriff auf alte Gstanzl. Es gibt welche, die zweihundert und mehr Jahre alt sind. In den innviertlerischen (oder steirischen) Tanzkehrreimen („Danzln") wird immer wieder derselbe eiserne Bestand solcher Gstanzl zitiert.

Manche davon hat Johann Andreas Schmeller überliefert, der neben seiner Arbeit am großen Bayerischen Wörterbuch den Anfang einer ersten systematischen Sammlung von Volksreimen machte, manche stammen von Dichtern wie Silvester Wagner und Franz Stelzhamer.
Die meisten der hier zusammengetragenen hundert besonders originellen Gstanzl hat der Verfasser auf seinen Wegen durch das altbayerische Land aus dem Volksmund gehört.

Brüada müaßts lusti sei,
müaßts ja net trauri sei,
denn mit da Traurigkeit
kimmt ma net weit.

Und a frische Maß Bier
und an Foam an weißn,
und heit gemma net hoam,
bis' uns außischmeißn.

Und wann i amal gstorbn bi,
wern d'Leit vo mir redn:
Trestn Gott, so werns sagn,
der hat aa-r-a Bier megn.

Bald fahr i aufn Wassa,
bald fahr i afn Roa,
bald han i a Schatzerl,
bald bin i alloa.

Zu dir bin i ganga,
drei ganze Wocha,
und de letztn drei Tag
san ma d'Holzschuah brocha.

Zu dir bin i ganga,
zu dir hats mi gfreit,
zu dir geh i nimma,
da Weg is ma z' weit.

Und a frischa Bua bin i,
tua gern eppas wagn,
und i taat um a Bußl
an Purzlbaam schlagn.

Also Buam singts a weng,
habts denn koa Schneid bei enk,
i' s' enk leicht ausganga
in da Menschakamma?

Du Schliffe, du Schlanke,
wer hats da denn gsagt,
daß du allweil zan Dirndl
sollst geh bei der Nacht?

Ja schau, meine Schuah
san vo Fuchsleder gmacht,
de schlafn bein Tag und
gehnt aus bei der Nacht.

A lustiga Bua, der
braucht oft a paar Schuah,
a trauriga Narr, der
glöckt lang mit oan Paar!

D'Fischerln in See
schwimmant hi, schwimmant he,
schwimmant auf und nieda,
Bua, wenn kimmst denn wieda?

Lusti is allwei,
wann mir beinand san, und iatz
schauts ünserne Menscha an,
wia se si drah(n)!

Und 's Bierl is guat
und i kaaf ma koan' Huat
und setz d'Wertahaubn auf
und laß's herplödern drauf.

Wollts Wasser[1] gern watn,
wanns net so tiaf waa,
und woits Dirndal gern gratn[2],
wanns net so liab waa.

[1] sprich Wossa – und won
[2] gran = entraten

Mein' Schatz bleib i trei,
wann i ausgeh ins Gei,
wann i hoamkemma dua,
bin i wieda sei Bua.

An Oasiedl, an Oasiedl,
dees geht ma net ei',
wui liaba, schee's Schatzal,
a Zwoasiedl sei'!

Bi da Firmgöd von Dirndl,
und dös hat mi nia greit,
Aber heit macht mir mei Lieserl
no die allergrößt Freid.

Wannst a frischa Bua bist,
lös ma d' Schuahbandln auf,
si haan freile ganz mar,
obst da traust, is a Gfahr.

De Maadln vobergn
eahna Herzerl net mer,
wanns glei net vöi ham,
so zoagn se's her.

Zwoa schneeweiße Täubaln
fliagnt üba mei Haus,
der Schatz, der ma bschaffa-r-is,
bleibt ma net aus.

Herztausiga Schatz und
wennst mauderst[3] mit mir,
i führ di an Sunnta hoit
aa net zon Bier.

Schatz gib ma koa Bußl net,
Bußal toan moaln[4]
as ko's ja koa Dokta und koa
Boda mea hoaln.

Mei Dirnal is kloa wia-r-a
Muskat-Nusserl,
und so oft ois is hoisn wui,
lacht's a bisserl.

Gestan bin i Gaßl ganga
zu mein Dirndl aaf an Gspoaß;
wart auf mi mit vöi Volanga,
hot vo mir scho lang a Ghoaß![5]

Da fahr i net üba,
da lent i net zua,
Du bist net mei Dirndl und
i bi net dei Bua.

---

[3] maudern = brummig sprechen, schmollen
[4] moaln = verletzen
[5] Ghoaß = Verspruch

Wann d'Kerschn hänga bleim,
aft kriagn s' a Mail[6],
und wann d'Dirnderln lödi bleim,
aftn werns fäul.

Alte Gwaandar, alte Gwehnat,
ma legts net gern a(b),
sogar d'Bedlleit liabn
eahn altn Ranzn und Sta(b).

's Vieh wui da net fressn,
wanns a fremds Fuada schmeckt,
awar ehnta frißts Habastrouh,
ehs da varreckt.

Und an iadwilligs Gwand
richt si endli na'n Leib
und an iadwilligs Mensch
richt' a Mann a(b) zun Weib.

O Ephasil, Ephasil,
waast d'do de mei'!
Aba weist' d'as net bist,
wirds an anderne sei'.

Da Baam is voi Bladl,
mit alln spuit da Wind,
und an anderne Muada
hat a-ra sche's Kind.

[6] Mail = Maul

Gel, du Schwarzaugate,
gel, für di taugat i,
gel, fir di waar i grecht,
wann i di mecht.

's gat lustige Eichtn
und fröhliche Taag,
wo oan s' Eßn und 's Trinka
schmeckt und da Tawak.

Und wieda gats Eichtn
voll Zwidernussn,
daß' koa Schad gar net waa,
wann s' oan niedaschussn.

Aba, mei Gott, o mei,
allweil guat ko 's net sei –
wer nix Lötz'[7] hat probiert,
hat nix Guats no nia gspürt.

Mei Schatz, der hoaßt Nanderl,
hat schneeweiße Zanderl,
hat schneeweiße Knia,
awa gsehng han i s' nia.

Schauts außi, wias regnt,
und schauts außi, wias giaßt,
und schauts außi, wia da Regn
von Dach aba schiaßt.

[7] Lötz = Schlechtes

Halb und halb hast mi gern,
halb und halb net.
Sollst mi halb und halb aa net ham,
liaba gar net.

Schatz hat ma d' Liab aufgsagt,
i hans net g'acht,
hät er nu a weng gwart',
hät eahms i aa so gmacht.

Wannst du mi net liabst,
konn i di aa net neten,
wer wird den zwegn deiner
an'n Psalter betn.

Du kreizsaubas Dirndal,
wia stelln ma's denn o,
daß mir öfta zammkemma,
gern han i di scho.

A Pfeifn Tawag
und a Bitschn voll Bier
is ma lang net so liab,
wiar a Bußl vo dir.

Und 's Dirndl aus der Nachbarschaft
Schau i gern an.
Is a Freid, wann i's sehg,
wann i's aa net ham ko.

Da Kropf is groußmaachti und
's Gsicht is zau'dürr,
und bal i's Mensch hoisn wui,
steht da Kropf vür.

Ha a kloa's Hennal,
is gscheckat und ghoam,
lock i pi! pi!
da laafts glei wieder hoam.

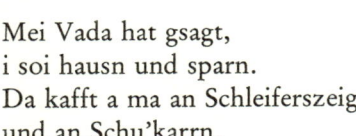

Mei Vada hat gsagt,
i soi hausn und sparn.
Da kafft a ma an Schleiferszeig
und an Schu'karrn.

Mei Muada is an Advikatnstochta,
mit da Spitzkürm fahrts as Land:
Sei Heiratsguat hats in Strouhsack drin,
daß' ja neamdn spannt.

Dees oa, dees is gwiß,
wer schö singt, der hats Griß
und wer d'Zithern guat schlagt,
hats Griß aa, ham d'Leut gsagt.

Had oana-ra Scheene,
so had er dro a Freid.
Had oana-ra Schiache,
so had er's ohne Neid!

Da Hirsch hot zwoa Gweih und
da Jaaga zwee Hundt,
und mei' Schatz hot zwoa Hertzerln,
wia Kugl so rund.

Hat dee Lasch gheirat,
is dreizeha Jahr oit,
ko's Kitzeln net lei'n,
was heirat's so boid.

Er hat gmoant, er is schö,
es is aber net wahr,
er tuat ganz schiach schiageln
und hat brandroute Haar.

Die Lercherl ham Kröpferl
und singa damit.
Mei Wei hat an Kropf,
aba singa ko's nit.

I und mei Vata
toan uns allawei z'kriagn
zwengs 'n Furtgeh, zwengs 'n Hoamgeh
und zwengs an Haustür zuaspirrn!

Wann i wieder amoi furtgeh,
dann woaß i, was i tua:
Dann nimm i d'Haustür aufn Buckl
und sag: „Vata, iatz sparr zua!"

A Floh und a Fliagn,
san net leicht zun Kriagn.
A Fliagn und a Floh –
zum Kriagn sans halt do.

Und i han d' Schaf a'gschaut,
d' Schaf, dee hamd mi a'gschaut,
und i han mi gschamt,
wei' mi d' Schaf a'gschaut hamd!

Gegrüßt seist du mir –
und schütts Wossa ins Bier,
dees is an Wirt sei Gebet,
wann er aufsteht a da Früah.

Mei Vata is a Baua,
Ochsn hat er grad oan.
Und wann i net dahoam bi,
nachand hat er gar koan.

Erdäpfel a da Früah,
z' Mittag a da Brüah,
auf d' Nacht zsamt de Häut,
Erdäpfe in Ewigkeit.

z' Ranshofen hats an Nebe(l),
z' Osternberg hats an Reif,
und z' Braunau auf da Bruck
geht da Wind, daß alls pfeift!

Ja, mia samma vo drinnat,
tiaf drinnat im Woid,
und jatz gemma aufn Gäubodn,
wei's uns da aa net schlecht gfoit.

Draußerhoi Deggndoaf,
gäht da Wind goa so schoaf,
gäht da Weg Straubing zua,
pfüat di Gott Bua.

Vo'n Wald bin i aussa,
ha' Erdäpfe baut,
is nixe afganga
was's Erdäpfekraut.[8]

Du windischa Fink,
zun Schlaffa bist flink,
zun Zahln, da bist fla,[9]
weilst koa Goid nimma hast.

A gscheckerts Paar Ochsn,
a schwarzbraune Kuah,
de gibt ma mei Vatta,
wann i heiratn tua.

Wia da Acka haan de Ruam,
wia da Vatta haan de Buam,
wia de Ährn haan de Kerndl,
wia d'Muatta haan de Derndl.

[8] Derbleckvers der angeblich dummen Waldler
[9] flach, flah – flau, träge verwandt mit flacken

Da sitz i, da hock i,
und flick ma meine Schuah.
Wer gibt ma a Bröckal
alts Leda dazua?

Oa Knedl siadt, da anda
fangts Siadn o',
schaugt oa Knedl an andern o',
wia-r-a grad a so siadn ko'!

Hab i net an guatn Wetzstoa?
D' Leit sagn, i solln wegtoa.
und 's Mensch sagt, i soll'n ghaltn,
den Wetzstoa, den altn.

Iatz steig i aufs Bergerl,
schaug aussi in d'Ebn,
da hab i meina Lebta
dee schänan Höf gsehng.

Da drobn aufn Bergerl,
is a Laubanhaufa,
da duat unsa Dirndl
bei de Sauan schlafa.

Bei de Sauan is' gschlafa,
mit de Gäns is' aft gflogn,
da hot eahm da Ganser
an Krogn so lang zogn.

Do drobn aufn Bergerl,
da steht a kloans Haus,
da schauen drei Weiba
zum Fenster heraus.

De oane is plattert,
de ander hot Leis,
de dritte hot Gelbsucht
und werd nimma weiß.

Da drobn am Bergerl,
da steht a Kapelln,
do predigt da Pfarra
von Erdäpfe stehln.

Da drobn afn Bergerl,
da stäht a Soldat,
der schneidt mit sein Saabi,
an Eräpfisalat.

Mei Heisl steht abm
auf da Lei(t)n,
i bi' ja net sicha, ob's ma
net aba tuat rei(t)n.

Wia 's eppa nacha geht,
denk i oft dro',
bal ma's Goid amal zrinnt und
koa Schneid nimma ha'.

Lusti is aaf da Woid,
ham d' Herrn aa koa Goid,
is' für üns aa koa Schand,
wann ma koa's hamd.

Vilshof is a Staadtl
und Möidorf a Stadt,
z' Linz ißt ma Bratl
und z' Wean an Silat.

Kloa bin i, kloa bleiw i,
grouß mag in net wern,
schee rumpfert, schee gstumpfert
wia r a Haslnußkern!
Andere Fassung:
schee runkert, schee bunkert

I bi dessel Dirndl,
mi kennt die ganz Welt,
i hab's Röckerl voi Säckerl
und drin koan Knopf Geld!

Buttermill und Sauerkraut,
dees hat mi vo dir dort votriebn!
Hättst ma öfta a Schmoizschmaarri gmacht,
dann waar i länga durt bliebn.

Dei Schneidstock, dei Sengsn,
dei Stockhau, dei Pflua,
sogar 's Trinka -r-is bessa,
ausn selboagna Kruag.

Den mecht i kenna,
der mir ebbas taat,
den flickat i d' Hosn
und klopfat eahm d' Naaht.

Hinta mein Vaterhaus
steht a kloas Baamerl draus,
hängt a routs Aapferl dro,
aber dees weigt mi o!

Wei(b), vokaf d'Antn,
an Buam müaß ma gwandten,
sunst kriagt ünsa Hans
koa' Dirndl zun Danz!

Mein Vatern sei' Häusl
hat an oanzige Wändt,
jetz hat eahm s' der Goaßbock
mit 'n Stutzn eigrennt!

Schnei ma Buxbaam, schnei ma Birnbaam,
schnei ma birnbuxbaamane Laadn[10]
Kriag ma-r-aa an scheen birnbux-
baaman Tanzbodn an schwaarn[11]

[10] d wird nicht gesprochen
[11] r wird nicht gesprochen

Da wo i dahoam bi,
da machans allsam verkehrt!
Da werd da Schafwidder grupft
und da Ganserer gschert!

Mitn Holzschuah han i Gras gmaaht,
mitn Schürhackl han i gheut,
mit da Nudlpfann han i's hoamtragn
und auf d'Nacht, da hats gschneit.

Aafn Misthaafa hama g'ackert,
in da Tenna drentn hamma gmaaht,
auf da Dachrinna hamma's Gsod gschnittn[12],
Bruada, dees Gsod hat's da draaht.

Vorgestern acht Tag
is da Gockl gfoin üba d' Gredn,
D'Henna ham eahm Augnglasl kaafft,
daß a bessa ko sehng.

Wo i dahoam bi,
hams an holzan Kami'
und an buxbaaman Herd –
dees habt's aa no nia ghört.

A bißl sickrisch, a bißl sackrisch,
a bißl houhgsehng mua ma toa,
boarische Tala mua ma-r-eana sehng lassn,
aba gebm mua ma-r-eana koa'!

---

[12] tt nicht sprechen

An Kirta is' lusti,
kunnt ma's scheena net kriagn,
i mecht mi glei beitln,
daß d' Haar davo fliagn!

Heit bin i lusti,
heit bin i froh,
morgn, da bin i
halt aa wieder so.

Schee staad hoaßts eingspannt und
schee staad hoaßts gfahrn,
wann's di guat zimt, muaßt aufhörn,
sunst kimmts dar in' Magn.

Ös Junga macht's nachi
wia dee Altn ham to',
mog dees oa' nimma weida,
hebt's ander aft o'!

Und dahoam *hamma* scho',
weida geht's nia.
Bal's amoi weidageht,
geht's dahoam vüa![13]

Aus is' und gar is'
und schad is',
daß 's wahr is!

[13] vüa = vorbei

Anhang

Reime von der Oberpfalz bis Südtirol

Namenreime

Annamirl mirl, wend di,
Annamirl mirl, drah di,
Annamirl, wann i di net hätt;
Annamirl, was daat i?

Oberpfälzisch (Wernberg):
Annamirl, Zuckadirl,
gäih mit mir in d'Schläicha.[1]
I ko niat göih, i ko niat göih,
i hon an bäisn Zäicha!
I ko niat übers Bacherl hupfa,
ko niat übispringa!
Woart ner bis da Vata kummt,
der wird di übibringa.

Hans Hansl Nudldrucka,
um an Kreiza Bärnzucka,
um an Kreiza Bixnfleisch,
des is an Hans sei liabste Speis!

Oberpfälzisch:
Hans Dampf Nudldrucka,
um a Fünferl Kanerszucker,
um a Fünferl stinkats Fleisch...
is in Hans sei Leibspeis.

[1] Schlehen

Spannalanga Hansl,
nudldicke Dirn,
gehma in den Gartn,
schütteln mir die Birn.
Schüttelst du die groußn,
schüttelt i de kloan;
wenn das Sackerl voll is',
gehma wieder hoam.

Spannalanga Hansl,
nudldicke Dirn,
gehma auf das Bergerl,
essn mir die Birn,
ißt du deine groußn,
eß i meine kloan';
wenn das Sackerl laar is,
gehma wieda hoam.

Hansnäbamug[2]
sitzt aaf da Doanabruck[3],
hot an Scherz Brout in Mäu
und nagelt owei.

Hansnäbamug
hot's Kaiwe[4] gschluckt,
hat na[5] net gnua,
braucht na a Kuah.

[2] Johann Nepomuk
[3] Donaubrücke
[4] Kälblein
[5] noch

Hansl und *Gredl*
genga am Bedl;
wos da Hansl niat mog. . .
schöibt d' Gredl in Soog.

Da Hansl und 's Gretl
gehn mitanand zon bettln.
Da Hansl muaß 's Keawe trogn,
und 's Gretl muaß Vergeltsgott sagn.

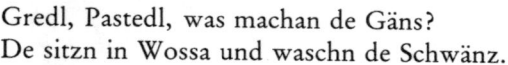

Gredl, Pastedl, was machan de Gäns?
De sitzn in Wossa und waschn de Schwänz.

Gretl, Pastedl, was macht enga Kuah?
De steht im Stall und schreit oiwei Muh!

Gretl, Pastedl, was macht enga Hoh'?
der sitzt af da Maua und kraaht, was er ko' – !

Da *Simmerl*
hat an Arsch hint a Wimmerl
und an Hirn abm an Stern,
drum hamma'n so gern.

Sepp, Depp, Hennadreck,
beißt da Maus 's Schwanzl weg.

Da Sepp, der Depp
is hinta da Heckn gsessn,
hat den weißn Wecken gfressn.

d' *Kathl*
hat an Arsch hint a Plattl,
hat an Hirn abm an Stern,
drum mogs da Hiasl so gern.

Oberpfälzisch:
Kathl . . .
hot an Oarsch a Blattl,
hot an Bugl an Stern,
moch alle Bouma gern.

Lippei, Lippei,
kimm zum Süppei,
Lippei kimm boid,
sonst werd 's Süppe koit.

Da *Miche*
hot vierazwanzg Striche
und finfazwanzg Wa(r)zn,
do ko ma'n tratzn!

Miche, Mache,
brunz ins Kache,[1]
's Kache rinnt,
da Miche stinkt.

Micherl, mi'n Sicherl,
mit der Kreiselpfeifa.
D' Muadda hat gsagt,
du soist hoamgeh zun Hennergreifa!

[1] Nachthaferl

Oberpfälzisch:

Michl mit da Sichl,
gäih assi ins Gros;
gäih niat so weit assi,
sunst beißt di da Hoos...

Da Hoos hot di biss'n,
in d'Hosn host g'schißn,
ins Hemad host g'soicht...
am Monda wirds bloicht.

Bei da *Lies*,
da woaß ma's net gwiß,
schlaft's mi(t)n Bauern oder mi(t)n Knecht
oder ob's sunst oana is.

Da *Franz*
nimmt's Kaiwi bein Schwanz,
hängt's oni an Zau(n),
laßt's vo de Vegl dahau(n).

Peter,
do steht er,
da sitzt er, do loant er,
wann ma'n oschaut, na woant er.

Nikolaus,
komm ins Haus,
fang die Maus,
wirf d' Katz zun Fensta naus!

D' *Zenz*
hat d' Suppn trenzt,
hat Brocka gspiem,
hat d' Leit votriem!

Moiridl, magst an Radi,
wann i di net hätt, was tat i?
(aus Südtirol)

Mari,
bockstarri,
zaudirre,
geh vüre,
geh zruck,
du Gruck!¹

Freilein *Zizibä*
sitzt an Kanapä,
trinkt an Goaßkaffä
und schreit: Juchä!

oder:
streckt d' Hax auf d'Häh
und schreit: Juchä!

Oberpfälzisch:
Girgl, Girgl
host d'Katz dawirglt!

¹ Krücke, hier übertragen für eine dürre Person

Adam und *Eva* . . .
kocha in oin Hefa.²

Heiner,
Zigeina,
Zigoripapier,
gib ma drei Pfenning . . .
nou tanz i mit dir.

*Den Volksreim vom Lucke, Miche und Kare ergänzte mir
der Berlinger Sepp aus Lam spontan:*
„Und an Toni
verschon i. . ."

² Hafen, Topf

Neckreime

Is a Wei(b) gwen,
's Wei hot a Kirm ghot,
d' Kirm a Loch ghot,
s' Wei is über d' Heckn gstiegn,
is eahm da Arsch hänga bliem,
's Wei hot gschimpft und gfluacht
und hat sein Arsch gsuacht.

Auszählwörter (mit einer Margerite)
Edlmo, Bettlmo, Bürgersmo, Bauersmo, Bauer, Bäuerin,
Jungfrau, Drecksau, Specksau.

(am Fuß)
Oa Fackei, zwoa Fackei, drei Fackei, vier Fackei,
oide Hutz, Hutz, Hutz (große Zehe).

Warnung
Buam, Buam, kemmts ma fei net über d'Ruam (Rüben),
d'Ruam, de han hante, und der Bauer wer grante.

Auf die Frage
Was?
Da Fuchs is koa Has,
da Has is koa Fuchs,
und du bist nix nutz.

Man hat den Kindern den Zeigefinger heruntergestreckt, an dem sie sich festhalten mußten, und sie im Kreis gedreht – bis sie damisch waren und hingefallen sind. Dabei wurde gesprochen:
Sepperl, Schneepepperl,
drah di'(ch) uma ums Steckerl.
's Steckerl bricht a
und der Sepperl liegt da!
(Die erste Zeile gibt es auch als „Bepperl Schneewepperl")

Spar'n muaß ma und hausen,
d' Katz vakaffa und selba mausen.

An solchern wia du oana bist,
findt ma im Hennamist;
unta da Lawanstraah,
da findt ma's aa.

Auf und auf watscherlnaß,
d' Schuah voia Sand.
Wennst mi net heiratst,
na zreiß i da 's Gwand.

Gib ma dei Hand,
grüaß God, Elefant!
Gib ma dei Fingerl,
grüaß God, Singerl![1]

---

[1] Biberl, Küchlein

Magst an Apfi –
gehst zun Dokta Zipfizapfi
Magst a Birn –
gehst zun Dokta Ohnehirn
Magst a Nuß –
gehst zun Dokta Spiritus!

Aus Regensburg:
Student, Student,
hast 's Hemad vabrennt.
Gäh außi auf d' Bruckn
und bettl da-r-a Suppn!

Baierischer Superlativ:
A Zeltn,
a zelterter Zeltn,
da zeltertst Zeltn!

Wortspiel:
Ah, i geh!
I geh aa!
Na geh aa i!

Oberpfälzische Spottversala
Gretl Duschner aus Wernberg erzählt:
In meiner Kinderzeit pflegte man zum Gesichtsausschlag, eine damals sehr häufige Kinderkrankheit, „Rufan" zu sagen. Hatte man das Pech, diesen Ausschlag zu bekommen, so war man dem Spott der Buben ausgesetzt, der so hieß:

Rufansupp'n . . . Späcklbräih,[2]
steck dei Nos'n in d' Röihern[3] ei.

Wenn man seine Puppe, in der Oberpfalz wie in ganz Altbayern „Docka" genannt, bei sich hatte, riefen einem die Buben nach:
Dockamatz . . .
hot d' Muada tratzt . . .

Und noch ein oberpfälzischer:
Bauernfünfa,
Sechsa, Siema . . .
steich ma am Frack,
nou soch is nimma.

[2] Brüh
[3] Ofenröhre

Kniereiterverse und Wiegenreime

Man hat die Kinder auf den Knien gehopst, hinunterfallen lassen, wieder heraufgezogen und dazu gesagt:

Pickl, Packl Pfannastiel,
Sitzt a Manderl auf der Mühl.
Hat a ströhers Hüaterl auf,
Pappt a Vierazwanzger drauf!
Kimmt an alter Wieder (Widder),
stoßt dös Manderl nieder!
Kimmt an alte Fledermaus,
Hebt dös Manderl wieder auf!

Schlaf, mei Kinderl, schlaf!
Dei Vata hiat de Schaf,
dei Muadda sitzt im Lauberl fei(n)
und wiegt ihr liabs kloans Trutscherl ei(n).

Schlaf, Biawal, schlaf,
im Garten sitz'n d' Schaf.
De weißn teama schern,
de schwarzn laß ma plärrn.

Hot, Schimmi, hot!
Foahrma in die Stodt!
Hat da Schimmi an Haban gfressn,
müaßt ma wieda-r-an andan dreschn!
Hot, Schimmi, hot!

Hoppa, Hoppa Reiter!
Wann er foit, na schreit er.
Foit er in an Grabn,
fressn ihn de Raben.
foit er in an Hollerbusch,
schrein mir alle husch, husch, husch!

Carlamaria Heim teilt mit:

Guads Nachterl
sagt 's Wachterl,
schlaf g'sund
sagt da Hund.

Schlaf g'sund und kugelrund
bis morgen zu der Kaffeestund.

Oberpfälzisch:
„Mou i mei Häißerl[1] b'schlogn,
wöivül Negl mou i hom?
Oins, zwoa, drei
und a Fouda Hei...
und a Fouda Zucka
frißt mei Häißerl trucka...
und a Fouda Mandlkern
frißt mei Häißerl goa so gern...

---

[1] Heißerl, Füllen

Kinderpredigten, Kettenreime und lustige Verse

Kloa bin i,
kloa bleib i,
grouß mag i net wern,
schö runkat,
schö bunkat
wia-r-a Haslnußkern.

I bin an Vattan sei allerliabsts Kind:
bei da Arwat recht langsam
und bein Essn gar gschwind!

Fünf, fünf, fünf,
fünf Paar lederne Strümpf,
wenn i oa Paar verlier,
hab i allweil no vier. . .

Aufforderung zum Kindertanz:

Drah di, Waberl, Flußbabbier,
gstumpfada Besn, tanz mit mir!

Es is net so oafach, wenn ma's zwoafach nimmt, dreifach zammlegt, vierfach obaschneidt und fünffach hernimmt!

Routa Ochs, schwarza Stier,
dull, dull, nimm an Esl aa mit dir!

Ri-ra-rutsch,
wir fahren mit der Kutsch',
die Kutsch' die hat ein Loch –
wir fahren aber doch.

Ri-ra-rutsch,
wir fahren mit der Kutsch',
wir fahren mit der Schneckenpost –
wo es keinen Pfennig kost' –

Hinta mein' Nachbarn sein' Staadei
sitzt a kloas budawinzigs Maadei,
spinnt mit an budawinzign Raadei
a buda-budawinzigs Faadei.

Maikäferl fliag aus,
bring a scheene Sunn z'haus.

Maikäfer fliag!
Dei Vadda is im Kriag;
dei Muadda is im Polenland.
Polenland is abgebrannt.

Maikäfa fliag,
da Vata is in Kriag,
die Muatta is in Pommerland
und 's Pommerland is abgebrannt.
Maikäfa fliag!

A Henn und a Hoh',
de Predigt geht o'!

A Kuah und a Kalb,
de Predigt is halb!

A Katz und a Maus,
de Predigt is aus!

Oberpfälzisch:
Batsch Händerl zsamm,
batsch Händerl zsamm!
Was wird da Vata bringa?
Scheene Strumpferl, scheene Schouherl,
da wird da Micherl springa!

Is des wouah?
Is des wouah,[1]
daß a Krouah
alle Jouah
hintern Ouah
an Schippl Houah
wachsn loua
ko?

Beim Schlittenfahren rufen die Kinder in Vilshofen:
Aus da Bah', aus da Bah'
wer an „Glaubeangott" net ka'!

und in München:
Aus das Boh', aus da Boh'
Zitronamo'!
Hintn hängt da Daife dro'!

---

[1] wahr, Krähe, Jahr, Ohr, Haar, lassen

Gestern bin i Gassi ganga,
Gassi han i an Pfenning gfundn,
Pfenning han i da Mama gebm,
Mama hot ma-r-a Nudi gebm,
Nudi han i an Papa gebm,
Papa hot ma-r-a Steckerl gebm,
Steckerl han i an Lehrer gebm,
Lehrer hot ma-r-a Tatzn gebm,
Tatzn hot mi bissn;
jetz will i nix mehr wissn!

Kettenreim:
Oans, zwoa, drei,
oid is net nei,
nei is net oid,
aber warm is net koid,
koid is net warm,
aber reich is net arm,
arm is net reich,
aber bucklat is net gleich,
gleich is net bucklat,
aber grod is net zucklat,
zucklat is net grod,
aber da Wong[1] hot vier Rod,
vier Rod hot da Wong,
aber singa is net song,
song is net singa,
tanzn is net springa,
springa is net tanzn,

[1] Wagen

aber d' Läus san koane Wanzn,
d' Wanzn san koane Läus,
d' Katzn san koane Meis,
d' Meis san koane Katzn,
d' Hund san koane Ratzn,
d' Ratzn san koane Hund,
krank is net gsund,
gsund is net krank,
aber da Stui' is koa Bank,
d' Bank is koa Stui',
d' Buama gehn in d'Schui,
in d' Schui gehn d' Buam,
aber s' Kraut san koa' Ruam,
d' Ruam san koa Kraut,
aber d' Dirn is koa Frau,
d' Frau is koa Dirn,
aber d' Äpfe san koa' Birn,
Birn san koa' Äpfe,
a Maß is koa Trepfe,
s' Trepfe is koa Maß,
aber da Krua(g) is koa Glas,
s' Glas is koa Krua(g),
aber weni is net gnua,
gnua is net weni,
aber da Dreck is koa Heni,[1]
da Heni is koa Dreck,
d' Schoat'n san koa Speck,
da Speck is koa' Schoat'n,
aber spuin doama mit da Kart'n,

[1] Honig

mit da Kart'n doama spuin,
aber a Zaunstecka is koa Uin,[2]
d' Uin is koa Zaunstecka,
d' Franzosen kennan uns am Orsch lecka,
am Orsch lecka song d' Schiffsleit,
d' Schiffsleit san nia gscheid,
nia gscheid san d' Narrn,
aber d' Schiffsleit san gfahrn.

(Stammt dieser Kettenreim aus der Passauer Gegend und wurde von Erntehelfern in den Isengau gebracht, wo ich ihn aufzeichnete? Es kann darüber nur Mutmaßungen geben. Die Aussprachen „Heni" (Honig) und „Uin" (Elle) sind in der Erdinger Gegend gebräuchlich.)

Auf da Oim[3]
sitzt a Schwoim,[4]
laßt a Patzerl awafoin.
Kimmt da Jaager mit'n Gwehr,
schiaßt dees Patzerl hi und her.
kimmt da Schreina mit'n Howe',
hobet's Patzerl fei' und nobe'!
Kimmt da Lehra mit de Buam,
sagt: Des is a Goibe Ruam.

D' Dampfmaschin is brocha;
fohrma naggste Wocha.
Naggste Wocha is scho z'spät,
weil am Moda d'Schui ogäht.

---

[2] Elle – [3] Alm – [4] Schwalbe

Abzählreime

Edlmo – Bettlmo – a Burger – a Baur –
a Wirtin – a Graafin – a Zuchtl – a Sau.

Ene, dene doaß,
an Bauer druckt a Schoaß.
Geht er hinta d'Schupfa,
laßt'n außi hupfa.

Ene dene Tintenfaß,
geh a d' Schui und lerne was.
Wenn du was gelernet hast,
geh nachhaus und sag mir was!

One tone
tonterone,
ite fite
bonaus Maus
– und du bist drauß!

Igga dagga
dugga da,
und der Igga Dagga
muaß es sa'!

D' Katz hat in Kibi gschissn.
Wiavöi Löcha hot's eahm zrissn?
Oas, zwoa, drei –
und du bist frei.

I zähl aus
und du bist drauß!

Oas zwoa drei vier,
auf'n Klavier
sthät a Maß Bier,
wer daraus trinkt,
der stinkt.

Schorschl is in Gartn ganga,
wiavöi Vögl hot a gfanga?
Oan, zwoa, drei?
Aus der Reih!

Ging! Gang! Hopfastang!
Da Mesna läut't d' Kircha zsamm!

*Zu dem Auszählvers teilte Carlamaria Heim mit:
Ich erinnere mich, wie meine Mutter, als ich klein war, mir mit 2 Fingern die Brust raufkrabbelte, übers Gesicht, bis sie mich zum Schluß am Haarschopf zog und dazu sagte:*

Geling gelang
da Pfarra is krank
da Meßner läut't
da Goaßbock schreit
mäh!

Metzga, Metzga
mächt 's Kaiwe ostecha,
's Kaiwe schreit Mäh!

Oberpfälzisch:
Oins und oins han zwoa,
d' Henna legt an Oa;
d' Henna legt a Gackerl,
gröiß di God mei Wackerl.

Aus Regensburg:
Hebma 'n Bärn 'n Schwanz aaf,
blas ma hintn drei,
liegt a bratner Apfl drin,
der ghört dei!
Ditl, datl, puff,
obn, drobn, drübn, drabn, draus!

Aus Tirschenreuth:
Disserl, dasserl,
zoag ma's Gasserl,
wo mer hi ins Bäihmisch gäiht!
Branntewein, Zucka drein,
sagt das Fraalerl: Du moußt's sein!
Eium, beium, zim, zam,
issi, ussi, assi!

Zungenbrecher

Kurzfassung eines Dialogs:

Ah, der Mo maaht!
Pata, maah du!
Maaht'n a Pata?
Mo maah du!

In einer kräftigeren Fassung des Zungenbrechers „A Bauer maaht Gros" sagt der Pater: „So, Mo, maah no!" und nach der letzten Zeile läßt er noch diese folgen: „Naa, Mo! Maah no du dee Maahd o!"

Oberpfälzisch:
Und a hosnußas, oichas, lärchas Laawa,
und a drischopfats finki modi Laawa
und a Zimmerbirl Laawa mode gröi...
Moidl, des mußt äßn...
nou wirst schöi!

De Pfahoferer Pfeierwehr hat si Pfemboch
Pfinga, Pfäust, Pferschn, Pfiaß und Pfotzn vobrennt!

Auf dem Tanzboden

Halt a bisserl, wart a bisserl,
bleib a bisserl steh!
I mecht dir gern a Busserl gem,
na därfst glei wieder geh.

Maderl, Maderl, net so stoiz,
deine Schuah, dee san aus Hoiz,
waarn s' mit lauta Goid ausgschlagn,
kunntst dein Kopf zon Himmi tragn.

Da abm am Bergerl gu gu,
do steht a kloas Dirnal wia du,
geh, Dirnal, geh awa zu mir,
i kaaf da-r-an Met und a Bier,
i kaaf da-r-a Bier und an Wei(n),
wennst du mei Dirnal wuist sei!

Der Jackl machts wia dee großn Herrn,
er hat dee schöna Menscha[1] gern.
(Schmeller)

Do sitz i, da bleib i,
da flick i mei Leibi,
da loahn i mi o,
weil i 's Tanzn net ko.

---

[1] Weiberleut (ohne verächtliche Nebenbedeutung)

Huraxdax!
Nimms bei der Hax.
Nimms bein Kragn.
Aufi auf 'n Wagn!

Weißblau is boarisch
und grea scheißen d' Gäns',
und wer mit an Gendarm geht,
is a schlecht's Mensch!

Münchnerisch:
G'schneckelter Pariser,
geh mit mir an d' Isar,
geh mit mir in d' Au,
bist a rechte Sau.

Oberpfälzisch:
Bauenmoidl hi . . . Bauernmoidl her . . .
moch i doch mei Leberdooch koi Bauernmoidl mehr.

Im Fasching:
Maschkara dei dei . . .
wou hostn dei Wei? . . .

Am Kammerfenster
(und dahinter)

Katrina,
bist drinna?
Geh mach a weng auf!
Und gib ma-r-an Antwort,
na steig i glei nauf!

'S Liabn und 's Beten
laßt sie net nöten.
'S Beten und 's Singa
laßt si net zwinga.

Nordbairisch:
Moidl, magst an Zwiefe,[1]
Moidl, magst an Radi,
Moidl, wann i di niat häitt,
Moidl, was daat i?

[1] Zwiebel

Vom Ehestand

A oiter Bua und a junge Dirn,
de lassn si vom Pfarrer copuliern.
Er huast' sei Lüngerl raus, und ihr is' recht.
De junge Wittib tröst hernach da Knecht.

D' Marl, dee hot an wecha Zecha,
iatz plerrts ois wiar an oida Hecha.[1]
Da sagt da Hans: „Was bist so fad?"
Er legt si zuawa – iatz is s' stad.
(Josef Ilmberger)

Bauer, schau auer,
da Fuchs kimmt daher,
der frißt da dei' Bäuring,
aft hast koane mehr.
(Innviertlerisch)

Er hat's Goid versuffa,
sie hat's vergwandt,[2]
iatz kemma s' mitananda
ins Elend und auf d' Gant.

---

[1] Häher, Keucher
[2] vergewandet, für Kleider ausgegeben

Essen und Trinken
halten Leib und Seel zusammen

Liawa d'Wampen sprenga wia-r-an Wirt was schenga.

Da Mensch muaß sei Quantum kenna,
und wenn er 's net kennt, muaß ma's eahm nenna.

Mit am hungrign Magn
laßt si für ander Leut net leicht 's Essen auftragn.

Da Pfeffa bringt an Mo' aufs Pferd
und 's Wei(b) unter d'Erd.
(die soziologischen und medizinischen Hintergründe dieses sehr alten Volksreims wären eine Untersuchung wert)

De heilig'n drei Köni
mit ihrigen Stern,
de essen und dringa
und zahl'n net gern.
(in den Gastwirtschaften, wo die sogenannten Sternsinger einkehrten)

Znachst bin i a da Stadt drin gwen,
is ma so sakrisch gwen,
hab i ma-r-a Bluatwurscht kaaft,
de hat mi ganz z'ritt und z'rafft,[1]
de Bluatwurscht is schuld da dro,
weil i's z'gaach gessn ho.

---

[1] zerrüttet und zerrauft

Hermann, der Cheruskerfürst,
der verkaaft die Leberwürscht.
Lauft die Straßn auf und a(b).
„Kaafts ma meine Würschtl a(b)!"
Lauft die Straßn auf und nieder.
„Gebts ma meine Würschthäut wieder!"

's Hannerl is sterbaskrang,
sitzt auf da Ofabang,
hot an args Drucka,
ko nimma schlucka.
Kimmt d'Muada mit Tortn und Messer,
sagt's Hannerl: „Jatz gehts ma scho vui bessa!"

Zwiegespräch:
Oide, magst an Kas? –
Naa, der is ma z'raß!
Oide, magst a Semme? –
Naa, des is ma z'weni!
Oide, magst an Lineburger? –
Naa, da wer i sonst a gstingerts Luada!

O Böierl[2] söiß,
du gäihst ma in d'Föiß,
du gäihst ma in Mog'n
i ko di vatrog'n.

[2] Bier (gestürzter Diphthong!)

Der Lehrer und der Pfarrer

Da Schuilehrer singt,
daß eahm s Rotz aberrinnt.
Wann no wieder oaner sang,
daß eahm's Rotz aberrann!

Wenn's nur grad raang,
daß oisam schwaamm,
daß da Dreck auffispraang
und da Lehra verraack!
(Scherzhafte bairische Konjunktive)

Da abm am Bergerl,
da steht a Kapelln,
da tanzt der Herr Lehrer
mit seiner Frau selm.

Da Vatta sogt zon Michala:
„Jatzt herst amoi auf mi,
da host an Korb voi Gaggala
und gehst zon Pfarra hi.
Und klopfst ma fei schee freindli o
und sogst: An scheena Gruaß
von Mo und von da Frau,
da host an Korb voi Gaggala.
Und, schneiz da fei, du Sau!"
Da Michala is glei bereit
und geht zon Pfarra hi.

Klopft mit de Stiefestöcke o,
weil a mit de Händ net ko
und sogt: „An scheena Gruaß
von Mo und vo da Frau,
da host an Korb voi Gaggala
und schneiz da fei, du Sau!"

Am Glanda auf da Bruckn,
da sitzt a kloana Bua,
der schlanglt mit de Fiaß
und singt und pfeift dazua.
Da geht da Pfarra grad spaziern
und kimmt am Glanda o.
Er siagt dees Büabal, jeggerlnaa,
is ganz daschrocka dro!
„Du Schlankl, schau, daß d'abakimmst!
Wia leicht kunntst einifoin!"
„Macht nix, Herr Pfarrer", sagt er drauf,
„na kost mi außer hoin!"

(Vermutlich von einem nicht mehr zu ermittelnden Dorfpoeten gereimt und als Volksgut weitergegeben)

Handwerk hat einen goldenen Boden

Schuasta, Schuasta, wist,
wieviel Knödl frißt'd?
Oan, zwee, drei,
und a Fuada Hei,
und a Fuada Mandlkern,
frißt da g'schlecki Schuasta gern.

Schuasta bum bum,
treib d' Flöh aus da Stubn,
treibs umi in d' Kamma,
schlags aba mi'n Hamma,
treibs' umi in Sto(d)l,
stichs a mit da No(d)l!

Mei Freind is a Schuaster,
hat allerwei' Pech,
und wann er koa Geld net hat,
zahl i eahm d' Zech.

Schuasta Kneipp
hat Pech im Leib,
hat Feier im Magn –
hat sei Wei(b) daschlagn!

Da Schuaster und da *Schneider*
fressn Wurzn und Kreider (Kräuter),
drum schaun s' gor so sper[1]
und langgsichtert her.

Schneida, gei gei,
wo hast'n dei Wei?
sie is hinta da Stiagn,
tuat 's Kindl eiwiagn.

Da Schneida reit't auf da Goaß,
d' Goaß macht an Sprung;
da Schneida schreit: Mordio,
d' Goaß bringt mi um!

Da Schneider is ganga
zur Messerschmieddirn,
hat's Fenster gfeihlt,
hat zur Goaß einig'schrian.

A Schneider und a Muck,
dös san zwoa rare Stuck,
d' Mucken is keck,
wirft'n Schneider in' Dreck.

Schneidagoaß,
druck an Schoaß,
druck'n auf a Bre(d)l,
trag'n deina Muada hoam,
sag: Dees is a Kne(d)l!

---

[1] mager, dürr

Mei' Freund is a Schneider,
a hautigs Bürschl,
er hat a Paar Wadl
wia Kreuzerwürschtl.

Unser *Bader* hat's nöti',
hat oft vui in Kopf,
legt's Hennaaugenpflasta
af der Bäurin sein' Kropf.

Und der Bader is lusti
und der Bader is gsund,
frißt z' Mittag a Katz
und auf d' Nacht no an Hund.

Da *Gloser* mit da Kraxn,
's Be(d)lwei mit da Kirm,
da Gloser hat an wecha Haxn,
's Be(d)lwei muaß'n eahm schmierm.

Traunstoaner *Metzga,*
dee ham a grouß' Gai,
hom überall Menscha
und Kinder dabei.

(Schmeller)

Spottvers auf Weber und Fischer

Rupfers Garn, harwers Garn,
d' Weber san narrisch worn,
san über d' Donau gfahrn,
ham an Strang Garn volarn,
d' Fischer ham nache g'fischt,
ham an Strang Garn dawischt.

Da *Schreinermoasta* Schrammerl,
der macht fir mi a Schamerl,
da haut er si mi'n Hammerl,
ganz wuchti auf sein Damerl.
„Au!", schreit er seina Nannerl,
„bring a Wossa in an Kannerl,
daß i einisteck mein' Damerl;
der gschwuit ja wia-r-a Schwammerl!"
Jatz sitzt er mit sein Jammerl
geduldig wia-r-a Lammerl
do drinna in sein' Kammerl, –
und i wart auf mei Schamerl.

Die Woche hindurch, das Jahr hindurch

Am Moda geht d Wocha o.
am Irta ham ma no nix to.
Am Migga ham ma scho de halbe Wocha.
Am Pfinsta müaß ma's Bratl kocha.
Da Freida is aa so a Tag,
wo ma nix ofanga mag.
Am Samsta muaß i mi putzen und scheern,
daß i am Sunta 's Wort Gottes ko hörn.
(Die altbayerische Woche: Moda, Irta, Migga, Pfinsta, Freida, Samsta, Sunda)

Wenns nur bald Sunda waar,
daß i de Dumma waar!
Gestern is Sunda gwen,
bin i de Dumma gwen.

Wenns nur boid Moda waar,
daß i bein Koda[1] laag!
Gestern is Moda gwen,
bin i bein Koda glegn.

Wenns no boid Irda waar,
daß i an Kirta waar!
Gestern is Irda gwen,
bin i an Kirta gwen.

---

[1] Kater

Wenns no boid Micka waar,
daß i bein Stricka waar!
Gestern is Micka gwen,
bin i bein Stricka gwen.

Wenns no boid Pfinsta waar,
daß i bein Schindta waar!
Gestern is Pfinsta gwen,
bin i bein Schindta gwen.

Wenns no boid Freida waar,
daß i de Gscheida waar!
Gestern is Freida gwen,
bin i de Gscheida gwen.

Wenns no boid Samsta waar,
daß i bein Tanzn waar!
Gestern is Samsta gwen,
bin i bein Tanzn gwen.

Is da Bua no so kloa,
muaß a sei Arwat doa.
Hoiz eitrag'n und Scheidl kliam
und an Butta ausrian.

Zum Butterausrühren eine Fassung aus Rimbach, Niederbayern:
Buder, Buder, dou di zsamm
vo Rimba bis aaf Eschlkam,
überoi a Löfferl voi,
na wird mei Haaferl aa no voi!

Buder, Buder, dou di zsamm
wäi da Käichl² in da Pfann,
wäi da Bauer mit da Bäurin
und da Knecht mit da Dirn,
sogoar da Höitbou³ mit'n Kuchldeandl,
der mecht's aa scho probirn.

Nordbairischer Bastlösereim aus Windisch-Eschenbach:
Pfeiferl, Pfeiferl, gäih,
krägst an goutn Kläi,
krägst a goute Hawansuppn,
derfst zu mir as Bett eihupfn!

Vadda, wann gibst ma denn über?
Vadda, wann laßt ma's denn schreib'n?
'S Deandl wer' allerweil älter.
Ledi wui's aa nimmer bleibn.

Mei Voda gibt üba.
Was werd a ma gebm?
An Gickerl zun Ockan,
zwo Henna zun Eggn!

Kreizüberndiwa,
jatz gibt ma mei Vada
's Scheißhäusl üba!
Na putz i's schee aus,
na hob i aa-r-a scheens Haus.

² Küchl
³ Hüterbub

Drischlsprüche:
(Zweiertakt bei den Häuslleuten)
Mo – Weib, Mo – Weib

(Sechsertakt in größeren Höfen)
Da Bäck und da Metzgar,
de dresch'n zu Sechster.

Klopf o, klopf o,
da Bauer scheißt Äpfeko'[4]
d' Bäurin scheißt aa dazua,
da gibts Äpfeko gnua!
(Verballhornung eines Klöpflspruches)

A glückseligs Nei's Joah –
's Christkindl mit'n kraustn Hoahr –,
a langs Lebn, a guats Lebn
und an Himml danebn!

[4] Äpfelkoch, Apfelmus

Wetterregeln

April, April,
tuat, was er will.

Philippi, Jakobi,
viel freß i, weni hob i.

Aus Südtirol:
Vor Johanni bitt um Regen,
nachher kommt er ungelegen.

Der Gauch vakündt a teure Zeit,
wenn er nach Johanni schreit.

Ist's Petrus bis Laurentius heiß,
dann bleibt der Winter lange weiß.

Lorenz zu Bartholomäus:
Schnür, Barthl, schnür,
in vierzehn Tag, da ist's an dir.

An Mariä Geburt
fliagn d' Schwaiwerl furt.
An Mariä Namen
kemma s' in Rom zusammen.
An Mariä Verkündigung
kehrn d' Schwaiwerl wieder um.

Wenns im September viel Nebel geit,
der Bauer sich auf den Herest gfreit.

Wer im Herbst net früh aufsteht,
seh zu, wie's ihm im Winter geht.

Auf Lambert hell und klar,
folgt ein trocken Jahr.

Regnets an Dionys,
regnets den ganzn Winter gwiß.

Simon wirft an Schnee a(b).
Wirft'n da Simon net a(b),
so helfant alle Heiling zsamm!

Andrä,
Koida Schnee,
Langa Winta,
Weibaschinda!

Andrä Schnee –
tuat de Saaten weh.

Regnets an Sankt Nikolaus,
wird der Winter streng und kraus.

Weihnachtn im Klee,
Ostern im Schnee.

Wia's Weda is zwischn Dreikini und Neijahr,
so bleibt's das ganze Jahr.
(Scherzregel)

Dreikönig ohne Eis –
Pankratius weiß.

Fabian, Sebastian –
fangt da rechte Winter an.

Pauli Bekehrung –
halb hinum, halb herum.

Sankt Benedikt
macht d' Zwiefen dick.

Mirznschnee
duat de Saatn weh.

Mirznstaab
bringt Gros und Laab!

Gereimte Sprichwörter

Gwohnat is an eiserne Pfoad.[1]
Wer s' ausziagt, tuat oan load.

Ja no! Der Mensch derf so dumm sei wia er wui.
Er muaß si grad z'helfa wissen bei den Gspui.

Wann der Mensch net diam lacha ko,
na is er trauri dro.
A lustiger Mo
is allerweil guat dro.

Hoib herrisch, hoib bäuerisch.
hoib schweinern, hoib leinern.

Oberpfälzisch:
A guats Woart . . .
findt an guatn Oart.

Wos i niat woaß,
macht mi niat hoaß.

Da guat Will
hot niat vüll.

[1] Hemd

Heiligenverse und Gebete

Heiliger Sankt Kastulus und unser liabe Frau!
Ös werds ins scho no kenna, mir san vo da Holledau.
Fert, da san ins neuni gwen, und heunt san ins bloß drei.
Sechse san bein Schimmestehln. Maria steh eah bei!

Petrus nimmt den Himmelsschlüssel,
haut den Paulus auf den Rüssel,
Paulus nimmt das Schwert
und haut den Petrus, daß er plärrt.

Aus dem Chiemgau
Im Trostberger Heimatmuseum hängt eine Hinterglastafel mit der Darstellung Abrahams, wie er seinen Sohn Isaak mit dem Gewehr töten will. Ein Engel fliegt herbei, hebt das Röcklein, und ein Wasserstrahl löscht den Zündfunken. Darunter steht:
Abraham, es ist umsunst,
der Engel dir aufs Zündloch brunzt.

An Franzl sei Nachtgebet
(Ergänzung zu Seite 83)
. . . daß ma Troad kriagn heia gnua,
lern ma[1] Rechnen brav und Schreib'm,
daß i net muaß sitz'n bleim,
loß's recht hoaß in Summa wer'n,
d' Hitzvokanz[2], de mog i gern,
unser Lehrer is so bös, . . .

[1] lehre mich
[2] Hitzevakanz

Zwetschgenbavesen,
wo bist'n so lang gwesn?
Drei Summa, drei Winta, drei Apferl am Baam,
wenn no mei Vada vo Esterreich kaam!
Jatz is a hoit kemma, was hot a ma brocht?
A Ringerl ans Fingerl, a Tiacherl in' Sack.
's Ringerl is brocha zu tausad Trimma!
Pfiadegod Vada, i mag di nimma!
(Vergleiche „Marianderl im Himmel")

Marianderl im Himmel – andere Fortsetzung:

(Dieser wohl sehr alte Volksreim mutet wie die Schilderung eines Traumes an)

. . . kimmt Gott ei
mit a Schißl voi Brei.
Ho i gmoat, i mecht schlecka,
haut er mi aufi mi'n Stecka,
haut er mi aufi auf d' Krai[3],
daß i bis a d'Erdn obi foi.
Bi an a hoizas Dach aufi gfoin,
da is a buachana Pfarra drin gwen,
der hot a oachane Meß glesn und hot gsagt:
Sanktus Sanktus Sanktus!
I ho vastandn: Fangzn, fangzn, fangzn!
Bi bei da Kiachatiar aussi,
hob ma die grouß Zeh ogstessn,
ho s' an Schnir obundn, übern Buckl gnumma
und bi wix wax weidaglaffa.

[3] Kralle, Hand

Der Volksreim „Marianderl im Himmel", der bis nach Südtirol bekannt ist, heißt in Stadtamhof bei Regensburg so:
Zwetschgnbavesn,
wo bist denn gwesn?
In Himmi drei Wocha,
d' Muaddagottes duat kocha,
da Petrus duat schlecka,
kimmt da Engl mit'n Stecka,
haut'n aaffi aaf d' Bläcka,
kon a nimmamehr schlecka.

Und im Rottal sagt man:
haut'n aufi auf'n Finga,
daß er sogt, er tuat's nimma!

Klopfersnacht in der Erdinger Gegend
Heut is die heil'ge Klopfersnacht,
Was soll das Ding bedeuten?
Bauer und Bäu'rin am goldenen Tisch,
An jedem Eck an bachan Fisch,
In da Mitt' a Glasl Wei',
Do können da Baua und Bäu'rin lusti sei'.

Lusti sei' waar a mei Leb'n,
Do kemman d' Eng'ln
Und pfeifan danem!
's Scheitl hört ma kracha,
Küacheln wer'n scho bacha,
D' Schüss'l hör'n ma klinga,
Wird ins d' Bäu'rin Kletz'n bringa!

Jo! Bäu'rin, jo!
Kletz'n mög'n ma scho!
Klopf o! Klopf o!
Da Baua is a brava Mo!
D' Bäu'rin bringt uns Kletz'n,
Weil ma 'n Bauern g'lobt ham.

Neujahrslied aus Pesenlern (Bezirksamt Erding)
Mir wünsch'n enk a glückselig's neu's Jahr,
's Christkindl mit dö kraust'n Haar,
An jed'n Eck an bachan Fisch,
Legt's an Bausch'n auf an Tisch,
an jed'n Eck a Glasl Wei',
Do ko da Baua und Bäu'rin lusti sei'.

An Bauan wünsch ma a rote Hos'n,
Daß a dasteht wia a Pfinstaros'n,
Da Bäu'rin wünsch ma an roten Rock,
Daß dasteht wia a Nagerlstock.

An Stall voll Hörner,
An Stadl voll Körner,
A g'sund's Leb'n, a langs Leb'n,
Und an Geldbeutl voll Geld daneb'n.

Das Langenpreisinger Weihnachts- und Drei-Königslied

In Gottes Namen, was fangen wir an?
Ein ehrliches Hausvolk, das singen wir an.
Wir ziehen herein gar schnell und in Eil
In dreizehn Tagen wohl fünfhundert Meil,
Fünfhundert Meil ist eine weite Roas!
Wir ziehen sogleich vor Herodes sein Haus,
Herodes, der geht gegen uns da heraus:
„Was macht's denn ös dader in meinigem Land,
Unter enk drei ist wohl keiner bekannt?"
„Es ist jetzt ein neuer König gebor'n,
Drum san mir aus fremde Länder herzog'n."
„Ziagts hinum, ziagts herum, kommt's wieder daher,
Ich bin auf die Botschaft neugierig gar sehr."

Die heilinga drei Küni san trauri wor'n,
Sie hamat den heiligen Steren verlor'n.
Der Steren steht auf oamoi über an Stall,
Drin sehgn sie das Kind mit Maria und ihrem Gemahl.
Sie opfern dem Kindlein so lieblich und hold
Weihrauch und Myrrhen und rotiges Gold.
Das Kindlein ist dieses Opfer wohl wert,
Es hat ja erschaffen uns Himmel und Erd.
Wir wünschen enk allen a glückselig's neu's Jahr,
Dös g'seg'n enk 's Christkindl auf unsern Altar.

Orts- und Hofnamen

's Ropaskirchener Dörfal,
dees is kuglrund,
wann ma ganz draußn umageht,
na beißt oan koa Hund.

„Do mechst verrecka!",
sagt da Romecka,[1]
„Aufwärts fahrt er an Trab,
a(b)wärts bleibt er stecka!"

Hofnamen von Lappach:
Bein *Hamo* is da Mo davo.
Er laaft überecks, sagt da *Lex*.
Bein *Aappe* werd a ganz dappi,
bein *Resch'n* muaß a löschn,
bein *Wirt* z' Lappach sauft a de ganz Nacht,
bein *Stange* macht er dingedange,
bein *Blattlbinder* koa Haaferl findt a
und bein *Braamer* muaß a raama!
Bein *Angerlmo* is d' Sau davo.
Dee is überecks, sagt da *Lex*.
Dee is scho öfta davo, sagt da *Hamo*.
Hauts es aufi an Rüassl, sagt da Schuasta *Hiasl*.
Gebts eahm a Trang, sagt da *Lang*.
Hauts ea aufi mi(t)n Hei'l,[2] sagt da *Frei'l*

[1] Hofname
[2] Häunlein, kleine Haue

Da Pater *Simon Keierdandl,*
da *Thalhamer,* da *Lex* und 's *Angermandl,*
da *Stachi,* da *Quill* und da *Urgibi*
und da *Weber* an Königswingi[3]

Joppenpoint bei Haag:
Der *Jobst,* der schnopft,
da *Weiß,* der scheißt,
da *Gaadl* mag a guats Braatl,
da *Wäscher* is an guater Drescha,
da *Viereck* verreckt hintan Eck.

Wolfgang und Hacklthal,
Spitzbuam gibts überall,
und geht ma auf Burgroa zua,
da gibts es gnua!

Zwischen Dorfen, Haag und Isen
hat der Teufel hingeschissen,
der Haufen, der liegt heut noch dort,
St. Wolfgang heißt der Ort.

(Verfaßt von Pfarrer Siebentritt, 1862–1911)

---

[3] Königswinkel

Vom Teufel

Da Toufi und da Toad,
de kriachan aufi übern Schroat.
Laßt as aufikriachan,
de Narrn de schiachan.

(Tirol, Going)

Wenn's waar und waar,
daß's waar und daß's gschaah,
und daatst sterb'n und kaamst in d' Hui,[1]
leid no, wos d' leid'n kust,
net daß's hoaßt, daß d' nix aushoidn kust!

[1] Hölle

Ein paar ganz Saftige

Es is hoit nix wia früaha nimmer.
Sogar 's Weihwasser werd allweil dünner.

Und beim Giglgogl hab i Goaß g'hüat,
bin aa net lang blieb'n;
is a bockstarrer, schwarzer Schwab'nkäfa
üba d' Millisupp'n umagstieg'n.

Hinaus in die Ferne
mit Wanzen und mit Fleh,
de springan über d' Schüssel
und kochan an Kaffee.

Da Leckmiamarsch hat Hochzat ghabt
mi'n Arschwisch seiner Tochter.
Der Scheisdadrei war aa' dabei,
des muaß a schöne Hochzat sei.

Da unsa, da unsa, da Vader,
hat an Kodan ghengt
an da Blanga[1] daußt,
gheit[2] hot er'n aa,
und d' Muada hot'n bratn
im Bachofa drinna
und hat'n vobrennt.

---

[1] Planke
[2] Gehäutet

Fahrma z' Braunau über d' Bruck,
liegt an oide Hex an Ruck[3],
ham eahm d' Oistern[4] d' Augn ausghaut,
hot de Hex mit de Lecha gschaut.

Gscherter Muhackl,
gscherter Bauernlackl,
friß a Roßfleisch,
na kriagst koan Baamhackl,
schmiar da-r-an Bauch ei' mit Salmiak,
daß d' mehra Hirn kriagst
und weniger Gnack.

(Neustadt an der Donau)

Im Böhmerwoid,
da geht da Wind so koit.
Kinnan d' Vögel nimma pfeifa.
De oidn Weiba ham se d' Finga gfrert,
kinnan d' Henna nimma greifa.

Da Nikolo vo Bawaschting
hot in Orsch an Stopsl drin.
Laßt a hundat Schoaß,
werd da Stopsl hoaß.
Macht a hundat Kaußa[5],
haut's an Stopsl außa.

Nix Gwiss' woaß ma net
In Dings oder wo
hat der Wirt oder wer
sei Wei(b) oder wen
daschlagn oder was.

---

[3] auf dem Rücken – [4] die Elstern – [5] Beller

Und s' Haftl und d' Haftlin[6]
de ham si zkriagt,
weil si allmal da Zuackn[7]
bein Eihafteln biagt.
's Haftl woant,
daweils moant,
es muaß a(b)brecha.
D' Haftlin lacht aba und soat:
„Is net schad um secha!"

(Nach Stelzhamer, in Kaltenbrunners Jahrbuch, 1844)

[6] Haken und Öse
[7] Zucken, Haken

Rare Gstanzl

Und's Dirnei is sauwa
von Fuaß bis zun Kopf,
grad an Hois hat s' a Binkei,
dees hoaßt ma'r-an Kropf.

Mei Dianei hoaßt Res,
bal i's oschau, schaut's bös,
bal i's olang, na schreits',
mit dera Res is' a Kreiz!

Der Adam und d' Eva
hams biaßn miassn,
ham hintan Busch gschlafa,
ham vüra miassn!

Da Baur und da Hund
ham ma 's Mensch net vagunnt;
ha's scho ghat a da Pfoad,
ham ma's wieda vajoad!

Stiglitz und Nachtigoi,
Ochsn gibts überoi,
Schafkepf no vui mehr,
Ochsenkepf, da schaugts her!

Der Leberknödl und der Fastenknödel
de ham sie net vertragn;
hat der Leberknödl an Fastenknödl
über'n Tisch abi gschlagn.

Und der Krügldeckl geht auf
Und der Krügldeckl geht zua,
Und der Krügldeckl der laßt ma
Meiner Lebtag koa Ruah.

Ja, i und da Rausch,
mir ham oiwei an Tausch.
Bald hat der Rausch mi
und bald hab an Rausch i!

An der böhmischen Grenz
hat's an Fuhrmann verwaht.
Ganz recht is eahm gschehng:
Warum fahrt er so staad.

Durt hint san ma vüra
vo da Howaleitn,
dou essn s' d' Erdäpfl
mitsamtan Häutn.

Musikantn, spöits aaf,
ös werd's scho ebbs kriagn,
na laßt ma-r-enk a Haaferl
voll Erdäpfl siadn.

Gestern auf d' Nacht
hat d' Hennasteign kracht,
der Gockel hat gscholtn,
d' Henna ham glacht.

Zwischen zwoa Zwetschgnbaam
sitzn zwoa Hosn,
oana duat Zithernspuin,
und oana duat blasn.

Zwischen zwoa Kirchatürm
tanzen zwoa Müllnerbuam!
Laßts ös geh, laßts ös geh:
Tanzen so schö!

Da drobn auf 'n Bergerl,
da tanzen zwoa Zwergerl.
Der Hi und der Ha,
hammand Flecklschuah a! *(a = nasal)*

Da drobn am Bergerl,
da steht a kloans Haus,
da schauen drei Weiber
zum Fensta heraus.
De oane is kropfat,
de anda hot Leis,
de dritte hot Gelbsucht
und werd nimmer weiß.

Erdäpfestampf, Schafmillekaas,
drei oide Weiba ratschn brav,
und wenn s' nix mehr z'ratschn ham,
nocha gehn s' hoam.

Zwoa dorate¹ Weiba
ratschn scho lange Zeit,
vosteht oane de anda net,
ham do a Mordsfreid!

A Floh und a Fliagn
san schwaar zun Kriagn.
Hätt da Floh d' Fliagl vo da Fliagn –
waar a no schwaarer zun Kriagn!

Samma lusti, mir Altn,
ham's Gsicht volla Faltn,
am Kopf graue Haar:
iatz gehn s' o, de scheen Jahr!

Aus is' und gar is'
und schad is', daß' wahr is,
daß d'gwoant hast um mi,
wia-r-i furtganga bi.

---

¹ taub

Herkunftsnachweis:

Die hier abgedruckten altbayerischen Volksreime haben von 1967–1976 mitgeteilt:

Die Kiblbergermutter von Kiblberg, Franziska Eibl, Gemeinde Bergham, Pfarrei Geisenhausn, Bezirksamt Vilsbiburg

Der Kiblbergervater von Kiblberg, Martin Eibl, Gemeinde Bergham, Pfarrei Geisenhausen, Bezirksamt Vilsbiburg

Die Mesnermutter von Rappoltskirchen, Magdalena Eberl, Gemeinde Thalheim, Bezirksamt Erding

Der Mesnervater von Rappoltskirchen Jakob Eberl, Gemeinde Thalheim, Bezirksamt Erding

Die Kramermutter von Gigling, Katharina Westermaier, Pfarrei Rappoltskirchen, Gemeinde Thalheim, Bezirksamt Erding

Der Kramervater von Gigling, Franz Xaver Westermaier, Pfarrei Rappoltskirchen, Gemeinde Thalheim, Bezirksamt Erding

Der Kramer Sepp, Josef Westermaier, von Gigling, Pfarrei Rappoltskirchen, Gem. Thalheim, Bezirksamt Erding

Die Heiglin, Ursula Attensberger, von Holzhäuser in Großhindlbach, Pfarrei Rappoltskirchen, Gemeinde Thalheim, Bezirksamt Erding

Die Weber Mutter, Maria Zehentbauer, von Johannesbergham, Pfarrei Geisenhausen, Bezirksamt Vilsbiburg

Hans Obermaier von Thalheim, Pfarrei Thalheim, Bezirksamt Erding

Josef Obermaier, Thaler von Oberbierbach, Gemeinde und Pfarrei Thalheim, Bezirksamt Erding

Roland Scheibel, Heimstetten bei Feldkirchen, Pfarrei Kirchheim, Bezirksamt München

Jakob Scherzl, der Brotmann von Kleinhindlbach, Pfarrei Rappoltskirchen, Gemeinde Thalheim, Bezirksamt Erding

Alfons Pfanzelt, Bürgermeister der Gemeinde Bockhorn, Pfarrei Bockhorn, Bezirksamt Erding

Carl Hans Watzinger, Linz an der Donau, Oberösterreich

Frau Katharina Brendel, Bonbruck, Bezirksamt Vilsbiburg

Frau Ursula Brendel, Fraunberg, Gemeinde und Pfarrei Fraunberg, Bezirksamt Erding

Die Böihubermutter, Elisabeth Huber, von Großhindlbach, Pfarrei Rappoltskirchen, Gemeinde Thalheim, Bezirksamt Erding

Prof. Dr. Gottfried Glechner, Braunau am Inn, Bezirk Braunau

Paul Fraunberger, Burgharting, Gemeinde Burgharting, Bezirksamt Erding

Hans Schatzdorfer, Großpiesenham, Gemeinde und Pfarrei Pramet, Bezirk Ried im Innkreis

Theresia Cäcilia Bekh-Schröder, geb. Eibl, Rappoltskirchen

Gretl Simböck, Braunau am Inn, Bezirk Braunau

Die Kramer Kinder von Gigling, Pfarrei Rappoltskirchen, Gemeinde Thalheim, Bezirksamt Erding

Josef Fruth, Fürsteneck, Bayerischer Wald

Franziska Schröder, Trudering bei München

Anna Eichinger, Gemeinde und Pfarrei Enzenkirchen, Bezirk Schärding

Elisabeth Mayer, Vilslern, Bezirksamt Vilsbiburg

Hermann Randlkofer, Thalheim, Bezirksamt Erding

Der Webervater Johann Nützl aus Gassau, Gemeinde Bodenkirchen, Pfarrei Bonbruck, Bezirksamt Vilsbiburg

Der Gaigl Schorsch von Forstern, Bezirksamt Erding

Die Gaigl Thea von Forstern, Bezirksamt Erding

Therese Schwaiger, Forstern, Bezirksamt Erding

Resi Faltermaier, Forstern, Bezirksamt Erding

Frau Maria-Theresia Delonge, München 90, Vierheiligstraße 1

Fanny Bachschwöller, Engertsham, Bezirksamt Passau

Hermann Freund, Landshut, Niederbayern

Barbara Rötzer, Krautbäuerin von Hallbergmoos, Bezirksamt Erding

Hans Waldhauser, Grünwald im Isartal

Ein Kettenreim aus dem Lechrain wurde dem „Peitinger Heimatfreund" entnommen, Jg. 1972, Nr. 16, S. 23, 24

Sieben Auszählreime wurden dem Buch von F. Waltinger „Das Bauernjahr in Niederbayern" (1920) entnommen.

Herkunftsnachweis zum Anhang:

Die im Anhang abgedruckten altbayerischen Volksreime haben von 1976–1983 mitgeteilt:

Georg Neumaier aus Thon bei Lappach (da Strell Schosi), Bezirksamt Erding, Oberbayern
Gretl Duschner, Wernberg, Bezirksamt Nabburg, Oberpfalz
Stefan Eibl, Reithofen, Bezirksamt Erding, Oberbayern
Berta Karl, Ried im Innkreis, Bezirk Ried, Oberösterreich
Anna Zollner, Zandt, Bezirksamt Kötzting, Niederbayern
Jakob Bauer, Untermaierhof, Pfarrei Wambach, Bezirksamt Erding, Oberbayern
Sepp Bauer, Bichl, Pfarrei Wambach, Bezirksamt Vilsbiburg, Niederbayern
Simon Weinhuber, Holzstrogn, Pfarrei und Gemeinde Walpertskirchen, Bezirksamt Erding, Oberbayern
Franziska Eibl, Bonbruck, Pfarrei und Gemeinde Bonbruck, Bezirksamt Vilsbiburg, Niederbayern
Josef Ilmberger, München
Marie-Theres Delonge (geb. Hubensteiner), München
Dr. med. R. Reverdy, Niederviehbach/Isar, Pfarrei und Gemeinde Niederviehbach, Bezirksamt Dingolfing, Niederbayern
Justin Schröder, München-Trudering
Anna Steer, „die Grafwallnerin", Geisenhausen, Pfarrei und Gemeinde Geisenhausen, Bezirksamt Vilsbiburg, Niederbayern
Katharina Neumaier, Dorfen, Bahnweg, Bezirksamt Erding, Oberbayern
Elfriede und Bertold Gams, Dorfen, Bahnweg, Bezirksamt Erding, Oberbayern
Carlamaria Heim, Johannisplatz 10, München-Haidhausen
Hans Wunderle, Winzererstraße 73a, München
Renate Moser, Pretzen, Gemeinde und Pfarrei Altenerding, Bezirksamt Erding, Oberbayern

Hermann Kaplan, Fernhag bei Scheyern, Bezirksamt Pfaffenhofen
Alois Hell, Pfaffenhofen/Ilm
Schulamtsdirektor Wolfgang Schierl, Altenerding, Oberbayern
Maria Weltrich, Wartenberg, Bezirksamt Erding
Remigius Geiser, Salzburg

Weitere Bücher von Wolfgang Johannes Bekh

*Des geheimen
Reiches Mitte
oder
Der Südflügel*
Roman

Ein unvergeßlicher Gang durch das Traumschloß der Thurn und Taxis. Bekhs bis jetzt anspruchsvollstes und virtuosestes Werk.

Hannes S. Macher

*Apollonius Guglweid
oder
Unterhaltungen mit dem Tod*
Roman

Ich war nach ein paar Seiten schon gebannt. Hier schreibt einer eine neue „Weis", hier kümmert sich einer nicht, was so gangbar und geläufig ist: Er weckt das Echo aus dem Herzen. *Richard Billinger*

Das Buch ist voll sanftester Gewalt. *Franz Xaver Breitenfellner*

Alois Irlmaier
Der Brunnenbauer von
Freilassing
Sein Leben und seine
Voraussagen

Über seinen Tod hinaus sind seine
Prophezeiungen über den Dritten
Weltkrieg, über die apokalyptischen Zerstörungen Europas, über
die Zukunft der Menschheit von unvermindertem Interesse.
Manfred Glück

Therese von Konnersreuth
oder
*Die Herausforderung
Satans*

Ein opus summum über die Stigmatisierte von Konnersreuth und
ihren Einsatz gegen die Bosheit der Zeit.

Am Vorabend der Finsternis
Europäische Seherstimmen
Weissagungen – Visionen –
Erscheinungen

Prophezeiungen der großen Mystiker über die Zukunft der Menschheit.

Mühlhiasl
Der Seher des Bayerischen
Waldes
Deutung und Geheimnis

Angesichts des sterbenden Waldes, der tatsächlich ausschaut wie „des Bettelmanns Rock", angesichts auch der umfassenden Zerstörung bayerischer Eigenart und des allgegenwärtigen „Sieges der Ferne über die Nähe" findet Bekh radikale Worte, die gerade hiesigen vorgeblichen Konservativen dringend zur Lektüre empfohlen seien.

Reinhard Wittmann

Das dritte Weltgeschehen
Bayerische Seher schauen in
die Zukunft

(Sybilla Weis, Franz Sales Handwercher, Franz Kugelbeer, Helmsauer Marie, Josef Stockert, Bauer aus dem Waldviertel)

Bayerische Hellseher

(Bauernknecht Sepp Wudy, Bartholomäus Holzhauser, Feldpostbriefschreiber, Stormberger, Lied von der Linde). Das Buch, mit dem Bekh seine Reihe mystischer Bücher eröffnete.

Alle W. Ludwig Verlag

Land hinter dem Limes
Liebeserklärungen an
Bayern und Österreich

Kabinettstücke brillanter Essayistik
in der Nachfolge eines Hofmiller –
sie umspannen Literatur, Sprache
und Brauchtum ebenso wie alle Künste von der Architektur über
Musik und Malerei bis zur Krippenkunst. *Heinz Puknus*

Von Advent bis Lichtmeß
Geschichten, Gedichte
und Gedanken zur
Winter- und Weihnachtszeit
Mit Zeichnungen von Hans Prähofer

Gilt Weihnachten uns nur mehr als
stimmungsvolles Familienfest, zum
Austausch von Geschenken? Oder haben wir es gar schon zum bloßen Konsumereignis verkümmern lassen? Bekh wendet sich mit Entschiedenheit dem wahren Sinn des heiligen Abends zu, der Feier der
Gottesgeburt. Dabei spannt er den Bogen über Hirten- und Krippenspiele bis zur Epiphanie und dem volkstümlichen Feste Mariä
Lichtmeß.

Alte Bayerische Erde
Die schönsten Heimatschilderungen und Wanderbilder von Hans Mayr
Herausgegeben von Wolfgang Johannes Bekh
Mit Bildern von Josef Wahl

Im Erdinger Land
Gesicht einer Heimat
Mit Bildern von Josef Wahl

Ein Essayband, der uns behutsam durch eine viel zu wenig gekannte Kulturlandschaft führt. „Heimat ist Nähe." Bekhs entschiedenes Bekenntnis gilt dem Guten, das so nahe liegt. Ein Buch, das aus der Fülle des bayerischen Lebens schöpft. *Hans Zehetmair*

Alle Bayerland-Verlag

Richtiges Bayerisch
Ein Handbuch der bayerischen Hochsprache

Eine Streitschrift gegen Sprachverderber. Eingeleitet von Franz Joseph Strauß. Mit Witz und Sarkasmus zieht der Autor gegen die allzu eifrigen Anpasser an ein Neudeutsch mit nördlicher Schlagseite, zu Felde.

Bruckmann-Verlag München